中国法

「依法治国」の公法と私法

Hikota

a pilot of wisdom

目次

【私法編】

図版作成／MOTHER

凡例

一、敬称は省略した。
一、［ ］の字句は中国語での原文。ただし原則として簡体字ではなく漢字を用いた。
一、（ ）の字句は断りなき限り筆者による。
一、傍線はすべて筆者による強調箇所である。
一、中国法の条名（条文番号）は原則として現行法によった。
一、本書刊行時においては中国民法典はまだ施行されていないが（二〇二〇年五月二八日制定、二〇二一年一月一日施行）、本文では特に断ることなく例えば民法典五七七条などと表記する。
一、中国法に出てくる「公民」は「市民」と訳した。
一、中国の法院は、法律条文上は必ず人民法院と表記されるが、「人民」を省略した。ただし最高人民法院公報のみは「人民」を付した。
一、中国共産党は原則として党と表記した。
一、全国人民代表大会は、慣例により全人代と略記した。

はじめに

筆者は、この一〇年余、中国契約法の注釈的研究を一書にまとめるべく、逐条的な裁判例の分析に従事している。しかし、そうした特定領域の研究とは別に、アンビバレントな感情を抱かせる中国法の現在《いま》をありのままに語ってみたいとも思うようになってきた。そうした折、たまたま集英社新書の編集担当、金井田亜希さんから執筆の機会を与えていただいた次第である。

(1) 本書の概要

本書は、九個のテーマを掲げているが、その大半は、具体的な裁判例に即したものである。読者に中国法の在り様を知ってもらうためには、事実をして語らしめるのがもっともよいと思ったからである。これらの裁判例は、純然たる私人間の権利義務関係を律する私法領域（その典型は民法）の事例と、公権力の行使に関わる領域、具体的には憲法・刑事法領域のものに大別される。

序章は、まさに私法と公法のいずれに属するかが大問題となった事例である。日本は私法上の問題として、しかし中国は公法上の問題としてとらえ、その認識のギャップが後戻りのきかない深刻な事態を招いてしまった。筆者がここで問題にしたかったことは、中国法を正面から見据えて、正確に認識しようとする姿勢が日本政府に欠けていたのではないかということである。筆者が判断する限り、日本政府は、中国法の内容を検討し尽くしたうえで、尖閣《せんかく》諸島の購入に踏み切ったとはとても思えない。そうした中国法分析の不十分さが、中国の軍部・海洋当局をして欣喜雀躍《きんきじゃくやく》させるという深刻な事態を招いてしまった、と筆者は考えている。

第一章から第四章までが私法関係、第五章以下が公法関係を扱ったものである。「中国法の在り様を知ってもらうため」と右に書いたが、中国法の勉強をしていると、ときどき、日本人の中国（法）観が鮮明に浮かびあがってくることがある。中国にはまともな法律などあるはずがないといった先入観でもって、中国法を一段低く見る姿勢である。これは、ドイツ法やフランス法、アメリカ法に対する姿勢とは明らかに異なる。その淵源《えんげん》をたどっていけば、明治維新後の〝脱亜入欧〟論に行き着くかもしれない。

第一章は、中国にまともな法律などあるはずがないとの偏見をもっている人、および対中ビジネスに従事し、日頃苦労されている人を念頭に置いたものである。例えば、中国契約法は、最近の国際的な契約立法を取り入れた法律であり、国際性の度合を基準にすると、〝進んだ〟中国契約法と〝遅れた〟日本契約法という図式が成り立つ。日本のように明治の末年に民法が制定され、その後膨大な判例と学説が集積された国と違い、中国は更地に近く、そのため〝進んだ〟契約法を作りやすかったということであろうか。その〝進んだ〟契約法が現実の中国社会でどこまできちんと機能しているか危惧されるところであるが、裁判の場での法の解釈適用を見ると、着実に機能しているというのが、筆者の実感である。

第二章と第三章は、日本企業の絡む渉外民事案件である。ここでも、日本企業の法務部門の、中国法分析の不十分さが浮かびあがってくる。その責任の一端は、日本の中国法研究者の地道な法解釈学的研究の貧困にもあるが、日本企業の対中ビジネス上の危機管理観念の低さにあるのではないだろうか。法務部門が果たすべき役割は、とりわけ対中ビジネスにおいては、きわめて重要であると考える。

第一章で中国民法の〝先進〟性を強調したが、そうした〝先進的〟な民法の中に、伝統的な法思想が脈々と生き続けている。そのことを公平原則に即して論じたのが第四章である。中国の公平原則は、比較法研究の恰好《かっこう》の素材をなすが、特に対中ビジネスに携わる人々にとっては要注意の原則でもある。

第五章以下は公法の領域を扱ったものである。この領域となると、様相はにわかに異なってくる。

第五章は、中国憲法の性格と役割を論じたものである。公法は公権力の行使に関わる法であり、それ故《ゆえ》、とりわけ法の支配（rule of law）が重要な意味をもってくる。法の支配の目的は、裁判の独立のもと、公権力の行使を法に依《よ》って統制し、市民の権利と自由を保障することにある。そして、この法の支配は、立憲主義と密接不可分の関係にある。ところが、中国憲法は、市民の最も基本的な自由と権利（基本的人権）を保障するために公権力の行使に「切り込んでいく」（cut into）立憲主義憲法とは、まったく類型を異にする。公安権力等の行政権力、検察権力、そして法院までもが、「国家・社会・集団の利益」の実体をなす「党の指導」を護持するため、市民の自由に容赦なく「切り込んで」いくことを保障する。これが中国の憲法である。

第六章は、中国の刑事手続を扱ったものである。法の支配は、国家が刑罰権という物理的暴力を行使する刑事法の領域において、とりわけ重要な意味を有する。罪刑法定主義とか適正手続が重視されるゆえんである。しかるに、中国で目の当たりにするのは、検察、法院に対して圧倒的優位にたつ公安権力の、むき出しの暴力の様相である。

第七章は、ひるがえって、中国の「法院」はそもそも「裁判所」なのかということを論じたものである。法の支配を可能にするためには、法律のみにもとづいて、独立して判定を下す裁判機関が存在しなければならない。ところが、中国の法院には、肝心の独立性が欠けている。刑事・民事を問わず、法院はその事件処理を担当する行政機関として理解するほうが実態に合っている。ちなみに、民事訴訟法も、公権力の行使に関わる法なので、私法ではなく、公法に属する。

第八章は、一部の関係者を除けば誰も知らない＝公知の準則でない「裏の法」の存在を指摘したものである。日本でも、行政機関が重要な情報を公開しない、公開しても黒塗りにして出すということを、このところ嫌というほど見せつけられてきた。しかし、さすがに、中国のように、非公開の「法」（それは法の形容矛盾であるが）に充ち満《み》ちているということはない。法の支配という場合、その法は誰もが知ることのできる公知の準則でなければならない。こうした法の支配の確立を妨げている最大のネックが、国法に対する党規［党紀］優位の構造である。

（2）「依法治国」の説明と公法・私法区分の妥当性について

本書は「依法治国」の公法と私法という副題を付している。この「」内の四文字標語自体は、読んで字の如《ごと》く、法に依って国を治めるという、いたって無機質の言葉である。しかし、中国政治の文脈で見ていくとき、独特の意味を帯びてくる。それは、「造反有理」を唱道した毛沢東の時代を終わらせ、世界経済を左右するほどの経済大国を作り上げた、

「改革開放」の総設計師、鄧小平の時代の法の質を問うということである。

敷衍《ふえん》すると、現行の一九八二年憲法第五条は、「中華人民共和国は法に依り国を治めることを実行する」と規定している。この「法に依り国を治める」という言葉の中には、計画経済とは異なり、中国の市場経済化にとって予見可能性を保障する法が不可欠であるという意味と同時に、長年にわたる党政不分（党権力と国家権力の未分離）の状態からの脱却の意味も込められている。しかし、仮に未分離の状態から脱却できたとしても――それは仮定法過去に近く、かつ習近平政権のもとでその可能性はますます遠のいているが――、それは法の支配を意味するわけでは決してない。一党独裁を前提とする法治は、市民の自由と権利の保障を目的とする法の支配とは全く異なる概念だからである。以上のような問題意識のもとに、現代中国の法を指し示す語として「依法治国」の公法と私法という副題を付した次第である。

次に、中国法を公法と私法という領域に分けて論ずる、その方法の妥当性についてである。このような区分は、市民社会と国家の分離を前提とする。中国が計画経済＝統制経済をとっていた時代は、国家が直接、経済過程に介入し、また家族の領域を含めて市民の生活万般に介入していた。そのような社会では、私人間の権利義務関係を律する私法と、公権力の行使に関わる公法という区分論は成り立たない。すべてが公法になってしまうからだ。しかし、改革開放政策のもと、本格的に市場経済化が推進され、人民公社が解体され、「単位」（党の指導下にある中国独特の社会組織）が機能しなくなってくる一九九〇年代以降になると、公法と私法の区分論を成り立たせる基盤が実在するようになった。そのことをふまえて、この公法・私法の各領域から切り取った中国法の現在を語ってみようと思った次第である。

（3）中国の裁判制度の事前の説明

本書は、大半の章で、裁判事例を取り上げている。その理解に資するため、以下、中国の裁判制度の概要を記しておきたい。

1　法院の種類

中国では裁判所のことを法院と称する。法院としては、通常の法院のほかに、専門法院として、海事法院、軍事法院、鉄道運輸法院、知的財産法院、金融法院がある。この各専門法院は通常法院の中級法院に相当し、その上訴先は通常法院の高級法院となる。この通常および専門法院とは別に、僻遠《へきえん》の地の民衆のため人民法廷が設置されている。

2　審級制度

通常の法院は四級二審制をとる。その四級とは基層（日本の簡易裁判所に相当）、中級（日本の地方裁判所に相当）、高級（日本の高等裁判所に相当）、最高の各法院である。二審制であるので、初審が基層法院から始まると、中級法院が終審となる。中級法院を初審とする事案は、刑事であれば無期懲役以上の案件、外国人が絡む渉外案件など、民事や経済案件であれば、請求金額が多額に上る案件、重大な渉外案件、当該管轄内で重大な影響を有する案件などが中級法院を初審とする。一省内部の重大な案件は高級法院を初審とすることがある。また、かつての「四人組」裁判のように、最高法院を初審とする案件もある。この場合は一審が終審となる。

3　法院の内部組織

各法院の内部組織のうち直接裁判に関わる組織としては、最高法院であれば刑事、民事、環境資源、行政および立案（審理の対象とするかどうかの決定）の各審判廷と裁判監督廷がある。この裁判監督廷は再審案件の審査を行う。日本と違って、中国では再審案件が非常に多い。そのほかに研究室があり、ここでは司法解釈の作成を行う。司法解釈とは、法律の意味内容を明確にするための解釈のことで、現在では「解釈」「規定」「批復」の三種類にまとめられている。批復とは、高級法院からの問い合わせに対する最高法院の側からの回答のことである。この批復を除けば、解釈といっても条文化されており、事実上の立法行為を行っていると考えてよい。

4　審判組織の構成

中国では裁判のことを審判と称する。簡単な民事案件、軽微な刑事案件は独任廷で行う。それ以外の案件は合議廷で審理する。通常は三人で構成するが、五名ないし七名で構成する場合もある。その審判員は、かつては人民陪審員を必ずメンバーに入れることが求められたが、現在では専門的な審判員だけで行ってもよい。人民陪審員とは、あらかじめ法律の研修を受けた後、一定期間、恒常的に審判に従事する者で、いわゆる陪審員とは異なるし、また日本の裁判員とも異なる。中国の審判組織の特徴として、審判委員会という組織がある。これは重大・難解な案件について、非公開で、当事者（刑事では被告、民事であれば原告・被告）を排除して行われ、その決定にしたがって審理担当の審判員は判決を下さなければならない。

5　再審制度

日本では、終審判決が下されると、判決が確定し、再審はきわめて例外的にしか認められない。それに対して、中国の再審は広範囲に認められており、被告に不利な方向での再審も行われる。当事者による再審請求を「申訴」、検察および法院自身による再審請求を「審判監督」と称する。民事事件での申訴において、当事者が検察に申訴し、それを承《う》けて検察が再審請求する場合も少なからず存する。民事の申訴案件については、再審手続で二度同一の判断が示されれば、それ以上再審請求をすることはできない。それ以外のケースでは、理論上は永久に再審請求ができる。

6　裁判の独立

裁判の本質的特色として裁判の独立ということが強調される。ここでの裁判の独立とは、日本を含め大半の国では、事件を審理する裁判官の独立を意味する。旧ソ連邦ですら、裁判官の独立ということを掲げていた。しかし、中華人民共和国では、審判の独立とは一貫して法院組織の独立のことである。審理を担当する審判員の独立という意味はまったくない。

序章　私法か公法か、法律認識のギャップがもたらした事態

――尖閣諸島国有化問題

（1）法律学にノーベル賞はあり得ない

医学や物理学、化学などは客観的真理を探究する学問であり、国により真理の判断基準が異なるということはあり得ない。同一の基準に照らして研究内容の優劣がはっきりする。だから自然科学系の分野の学問に対して与えられるノーベル賞には価値がある。ところが、法律学はノーベル賞の対象には絶対になり得ない。何故《なぜ》なら優劣を定める世界共通の基準が存在しないからである。

（2）日中の法の比較

1　手付

日本と中国を比べてみても、ずいぶんと法律の内容は異なる。契約法を例にとってみよう。契約法はほかの法律に比べて日中間でまだ共通点が多いのであるが、それでも異なるルールが少なからず存在する。例えば、日常生活に卑近な手付についてみてみよう。日本民法は手付を解約手付として規定する。したがって、もっと好条件を第三者が提示したような場合に、買主は手付を放棄する気さえあれば、また売主は手付の倍額を提供する気さえあれば、何の心配もなく契約を解除できる（民法五五七条一項）。解除したからといって、損害賠償を相手方から請求されることはない（同法五五七条二項）。

これに対して、中国民法の手付は、違約手付として規定されているので、手付を支払った後で、契約を履行しなければ、買主は手付金の返還を請求できない、あるいは売主は手付金の二倍を返還しなければならないだけでなく（民法典五八七条）、違約責任の効果として、損害賠償の請求権が発生する（民法典五八八条）。手付の放棄または二倍返しだけでは損害賠償をカバーできないときは、その不足分につき別途損害賠償義務が発生する。

ちなみに、日本民法学者瀬川信久は「そもそも日本法が売買契約を一律に諾成契約（契約当事者の合意だけで成立する契約）とし解約手付を原則とするのは、比較法的には特異である」[*1]と説く。

2　違約責任（債務不履行の効果）

もう一例挙げてみよう。契約が有効に成立すると、お互いに契約を履行する義務が生ずる。もし一方の当事者が義務を履行せず、その結果、損害が発生すれば、その損害を賠償しなければならない。ただし、日本の民法は「債務の不履行が……債務者の責めに帰することができない事由によるものであるときは」賠償義務を免れると規定する（四一五条）。これに対して、中国法は「当事者の一方が契約上の義務を履行しない……とき（は）……損害を賠償する等の違約責任を負わなければならない」と規定する（民法典五七七条）。ここには日本法のように、「債務者の責めに帰することができない事由による」ときは賠償義務を免れるとの文言はない。

このように、日本法では、債務不履行による損害賠償請求は、債務不履行者に「責めに帰することができる」事由（その典型は過失）があることを要件とする。これに対して、中国法では、特段の規定なき限り、契約を履行しないことで損害が発生しさえすれば、過失の有無を問うことなく賠償義務を負わせることを原則とする。これを厳格責任という。

（3）法律認識のギャップがもたらした深刻な事態――尖閣諸島国有化問題

1　民主党野田政権による尖閣諸島の購入

法律は国によってその内容を異にするが、こうした法律の内容と認識のギャップが隣国間でまことに深刻な事態をもたらすことがあり得る。日中間の尖閣問題はその典型例である。二〇一二年、日本は野田佳彦政権のもとで尖閣諸島、具体的には魚釣島、南小島、北小島の三島を地権者から購入した。この購入に関しては「中国への敵意をむき出しにする石原氏（石原慎太郎。当時の都知事）が主導するより事態をコントロールしやすい」という外務省の「思惑」[*2]があったと言われている。しかし、この思惑は完全に外れ、後戻りのきかない日中間の深刻な対立へと発展していくことになった。

この尖閣諸島のいわゆる国有化問題については、中国政治、日中関係論等の角度から多くの論者が言及しているので、ここでは法律論に限定して述べることにする。

2　日本法の論理

尖閣諸島購入直後の新聞記事によれば、上記三島を日本政府は埼玉県在住の地権者から二〇億五〇〇〇万円で購入し、所有権移転登記を完了し、その購入費は平成二四年度予算の予備費から支出されたとある。*3 ここで注目してほしいのは、所有権移転登記ということについてである。日本では、国家といえども他人から不動産、本件では島を購入すれば、一般市民と同様に、登記をしなければ第三者に対抗できない（自分の所有権等を主張できない）。国家が民事行為（財産の売買や賃貸、贈与などの行為）を行うときは、法人という身分でもって行うわけであるが、「公法人も、私法人と同じように財産を所有し、私人と対等の立場で私法的法律関係を形成するのであって、その限度では、私法上の権利能力を有し、私法の適用を受けるのである」*4。したがって、当時の野田総理が二〇一二年九月二六日の国連総会一般討論演説後の記者会見で、この三島購入は民事上の所有権の移転に過ぎないという趣旨のことを述べたのも、日本法の論理からすれば至極当たり前の発言であった。

しかし、中国では、国が私人と同様の資格で島を購入し、登記をするといったことなどあり得ない。島地が私法上の一個の財産として民事強制執行の対象となったり、破産財産に組み入れられたりすることもない。何故、私法上の財産にはなり得ないのか。このことを考えるうえで、以下のような宮本雄二元中国大使の、ある講演会での発言は示唆に富む。

二〇一二年、日本の尖閣の国有化。これは実際は国有化ではなく、所有権を民間から国に移したという、日本の民法上の所有権の移転であり、国家主権とは全く関係のないものですが、中国側が誤解し、ついに日本が尖閣を国有化して日本領土にしたと思ったわけです。鄧小平さんが、棚上げ・共同開発しようと言ったのに、自分の領土にするとは何事だということで、あの強烈な中国側の反発になっていったのです。[*5]

この宮本元大使の発言、特に「国家主権とは全く関係のないものですが、中国側が誤解し……日本領土にしたと思った」との指摘の中に、本件の問題の法律上の核心が端的に示されている。日本側からすると「誤解」であるが、中国側からすると誤解ではなかった。

3　中国法の論理

このことを考えるためには、所有権というものについての中国のとらえ方を見ておかなければならない。日本では、所有権は、民法（私人間の権利義務関係を律する法）、特に物権法（物＝動産・不動産に対する支配権を定めた法）で規定された、自然人および法人による物の使用・収益・処分の自由を内容とする権利として説かれる。ところが、中国物権法は、非常に複雑で、その所有権は、生産手段の所有主体の違いに応じて、全人民の所有とする国家的所有権、旧来の農村人民公社の系譜をひく、集団組織の所有とする集団的所有権（その典型は農地）、および個人（法人格をもたない家族を含む）の所有とする私人の所有権の三種類に分けられる。

このうち、集団的所有や私人所有の財産は、純粋に民法上の権利として構成されるが、国家的所有権の中で民法上の権利として構成されているのは、わずかに国務院の国有資産監督管理委員会が所管する、国家が全額または過半出資する企業法人（いわゆる国有企業）の財産についてのみである。それ以外の、中国物権法で国家的所有権の対象とされている鉱物資源や海域、自然資源、都市部の土地等大半の国有財産は、私法上の所有権には属さない。

まず、土地についてであるが、都市部［城市］の土地はすべて国有地であり、その売買は禁止されている。国有地の所有権の譲渡はあり得ない。また、上記の鉱物資源、自然資源等も、同様に譲渡は認められていない。このような財産は、国家に専属する性質［専属性］を有する国有財産とされ、国家以外のいかなる主体も所有できない。ただ、尖閣諸島のような海島については、何故か二〇〇七年制定の物権法典には明示されていなかった。しかし、明示されていなかったからといって、海島だけは譲渡可能な私法上の権利として位置づけられていたわけではない。鉱物資源や自然資源の種類は例示に過ぎないと、全人代常務委員会法制工作委員会編の『中華人民共和国物権法釈義』[*6]で説かれている。その後、二〇二〇年制定の民法典物権編で「海島」が自然資源の条文と都市部の土地の条文の間に挟み込まれることになったので（二四八条）、海島も譲渡の認められない専属性の国家的所有権であることが再確認された。

以上の種類の国有財産は、同じ国有財産でも、「市場経済」の主体として取引市場に登場してくるいわゆる国有企業、より正確にいえば国家が全額または過半出資する法人企業の「非専有」財産とはまったく性格を異にする。重要なことは、国家に専属する土地・自然資源等は、物権法＝民法の規定に由来するかのように見えるが、実はそうではないということである。二〇〇七年制定の物権法典よりはるかに早く、一九八二年憲法の九条（自然資源）、一〇条（都市部の土地）で国有財産の専属性が明記されている。このことは、この種の国有財産の権利は民法に由来する私権ではなく、憲法によって創設された公権であるということを意味する。「こうした国有資源の独占と壟断《ろうだん》は国家主権によってもたらされた[*7]」主権的権利なのである。そうである以上、その権利が民事上の取引の対象となることはあり得ない。登記や強制執行の対象となることもないのである。

4　中国側の猛烈な反発

このような中国法の枠組みからすると、日本政府による尖閣諸島の購入はあからさまな主権の侵害と映るわけで、中国側の猛烈な反発を招くことになった。

その反発の激しさは、例えば野田総理の先の発言の翌日の、楊潔篪《ようけつち》外交部長の国連総会一般討論演説での「日本が釣魚島を盗んだ[*8]」との言にも窺《うかが》える。ちょっと読み飛ばしそうであるが、この発言の要は日本が、「盗んだ」、わが物としたというところにある。ここで想起してほしいのは、日本政府は尖閣諸島を購入＝わが物＝「国有化」するに先立ち、二〇〇二年一〇月の時点で、尖閣諸島の民有地を年間約二二〇〇万円で総務省の所管において借り上げる契約を結び、賃借権の登記をすませていたという事実である[*9]。日本政府が尖閣三島を賃借した行為に対して、中国側は特に激しい反発を示していない。それは、日本国が「釣魚島を盗む」行為とは質を異にする問題であり、主権の侵害につながる問題ではなかったからである[*10]。

筆者にとって衝撃的であったのは、日頃、親日家と目されていた、中国を代表する民法学者梁《りよう》慧星《けいせい》の次のような発言であった。その内容は、民法のいわゆる他人物売買、例えば無権利者の甲が乙所有の財産を第三者丙に売却する行為に関するものである。近年、中国でも、日本と同様に、他人物であっても甲丙間の売買契約自体は有効で、したがって甲が乙の追認を得ることができなければ、一方で乙に対して権利侵害責任＝不法行為責任を負うと同時に、丙に対して債務不履行責任を負うことになるとの学説が有力になってきて

いる。梁の発言は、そうした説に対する反論の文脈での、

もし仮にある人物が天安門の城楼を外国人に売却した場合、最高人民法院あるいは北京《ペキン》市高級人民法院は、中国の契約法にもとづき当該契約は有効であると宣告できるとでも言うのか。不幸にしてそうした事態が出来した。目下、その種の実例が中国人民の眼前で生じている。日本の何とかという島民が、わが国の神聖な領土である釣魚島を〝売却〟するという反中国劇を上演している。この島民は、東京都あるいは日本国を買主とするいわゆる〝売買契約〟を締結しようとしており、こうした劇を見て、わが国の契約法はこの〝売買契約〟が有効であるとでも言うのか。[*11]

というものであった。

5 「棚上げ」論の重しがとれ、欣喜雀躍する海洋当局・軍部

以上のような、尖閣諸島の日本国政府による購入をめぐる両国の認識のギャップは、ど

のような深刻な事態をもたらしたのであろうか。それは、一言でいえば、中国軍部にとって、尖閣諸島の領有権をめぐる鄧小平の「棚上げ」論の重しがとれたということである。中国が一党独裁の体制であるといっても、党・国家の指導者間で政策が常に一本にまとまっているというわけではない。尖閣問題をめぐっても、外交部と軍部とでは相当スタンスのずれがあったと思われる。例えば、元外交部長の唐家璇《とうかせん》は、日本政府が尖閣諸島を購入する二週間前、中国社会科学院主催の日中シンポジウムで、鄧小平の「国交正常化の際、双方はこの問題に触れないことを約束した。今回の平和友好条約交渉の時も、我々双方はそれに触れないことにした。合意できなければ避けたほうが理性的だ[*12]」との言を肯定的に引用している。中国外交部の基本方針は、この棚上論に立っていたと推測される。

しかし、日本政府による尖閣三島購入は、この棚上論の継続を一挙に吹き飛ばしてしまった。事柄が主権の問題に関わるからである。上は国家指導者から下は一般民衆まで、そして親日的学者を含めて、挙国一致で激しい対日批判が繰り広げられることとなった。こうした事態こそ、かねてから「中国軍部が望んでいること[*13]」であった。「論争は棚上げできるが、主権は棚上げできない[*14]」というわけである。

最近の報道によれば、当時、国家海洋局東シナ海管轄の海監東海総隊副総隊長であった郁志栄上海市中国太平洋学会海洋安全研究センター主任が、中国は尖閣侵入を二〇〇六年から計画していたと発言したとのことであるが、[15]そして二〇一〇年九月、中国「漁船」による日本領海での海上保安庁巡視船への衝突事件まで引き起こされていたが、当時の胡錦《こきん》濤《とう》政権が、尖閣問題で日本と全面対決の方向で腹を括《くく》っていたとはどうしても思えない。そのことは、野田政権が尖閣諸島三島を購入する直前、ウラジオストクでのアジア太平洋経済協力会議の場で、野田総理に対して「国有化」断固反対の主張をしていたときのきわめて深刻な表情からも窺い知ることができる。

しかし、「国有化」は実力行使抑制の道を閉ざしてしまった。二〇一二年八月の「漁政」（漁業監視船）や「海監」（海洋監視船）による接続水域への侵入が二回、領海侵犯は〇回であったのが、「国有化」した九月に入るや、前者が八一回、後者が一三回、一〇月は前者が一二二回、後者が一九回と飛躍的に回数を増やし、[16]さらに国家海警局という行政機関の公船だけでなく、中国海軍の軍艦（フリゲート艦）による領海侵犯が見られるようになった。[17]シンガポールの元首相リ・クワンユーが「尖閣諸島は紛争になる。中国は海軍を送る」[18]と述べていたそうであるが、その予言が不吉にも的中した。こうした事態が生ずることを、当時の日本政府当局者は予見し得ていたのであろうか。もし予見し得ていなかったとしたら、それは中国法に対する不知のなせる業である。それとも、読み筋を十分読み切ったうえでの政策決定であったのであろうか。本章（3）の1に豊下楢彦《とよしたならひこ》の、石原が主導するより国が購入するほうが事態をコントロールしやすいとの外務省の思惑があったとの言を紹介しておいたが、この言が間違いないとすると、読み筋を十分読み切ったうえでの判断だとはとても思えない。日本は今後、後戻りのきかない消耗戦を強いられることとなった。

【私法編】

第一章　〝中国では法はあって無きが如し〟か

（1）［接軌］を目的とした中国の統一契約法

中国の経済発展は、中国共産党が、一九七八年末の一一期中央委員会第三回全体会議（一一期三中全会）で、鄧小平主導のもと、「改革開放」政策へ舵《かじ》を切ったことに起因するとよくいわれる。しかし、実際に市場経済が本格化するのは一九九〇年代に入ってからである。この市場経済の円滑な遂行を保障する重要な法の一つが契約法である。

一九九九年に制定された統一契約法は、［接軌］（レールをつなぐ）という標語に示されているように、国内外の市場をつなぐということを立法の主たる目的とした。グローバル化していく二一世紀の市場経済を見据えて制定されたこの統一契約法の中には、国際的な契約立法・思想が随処に採用、参照されている。とりわけウィーン売買契約条約（国連国際動産売買契約条約）の影響が顕著である。例えば違約責任（契約違反に対する国家による履行の強制や損害賠償の強制。日本民法では債務不履行の効果と称する）に関する、過失がなくても責任を負わせる厳格責任や、履行期前の契約違反（契約の履行期が到来する前であっても、相手方が契約を履行しないことを明確に表明するか、行為をもって示したときは、違約責任を認める制度で、契約解除もできる）などは、ウィーン売買契約条約の規定を採用したものである。いずれの規定も一九世紀末に制定された日本民法には存在しない。また、ウィーン売買契約条約の批准という点でも、中国はいちはやく一九八六年に批准した。それに比して、日本が批准したのは二〇〇九年のことである。

（2）契約紛争案件に見える民衆と裁判所の距離の近さ

1　契約訴訟案件の圧倒的多さ

昔はいざ知らず、現在でも、どうせ〝中国では法はあって無きが如し〟でしょと思っている人が少なくない。本当にそうだろうか。少し古いデータであるが、四八頁の別表に示すように中国の民事訴訟件数は非常に多く、この中でも契約関係の訴訟件数は群を抜いて多い。このことは、中国の市場経済の発展と密接な関係があるだろう。

全国法院民事事件一審受理件数

種類 / 年次	婚姻家族・相続	契約	権利帰属、権利侵害	典拠（最高人民法院公報）
2012	1,686,694	3,776,137	1,853,632	2013年4期26頁
2013	1,651,666	4,121,224	2,009,082	2014年4期24頁
2014	1,635,244	4,589,375	2,082,831	2015年4期12頁
2015	1,758,926	6,013,386	2,325,492	2016年4期12頁
2016	1,735,516	6,717,811	2,308,797	2017年4期14頁

（本表作成にあたっては文元春早稲田大学准教授の協力を得た）

2　民事訴訟の判決文の構成

中国の裁判所は民事紛争にきちんと応えきれているだろうか。裁判所がまったく信頼されていなければ、多額の費用と時間をかけて裁判に訴えるという方法を、個人であれ、企業であれとらないだろう。

中国の民事訴訟の判決文は以下のような構成からなっている（以下の（i）（ii）……は筆者が付したもの）。

（i）原告名称、所在地、委託代理人、被告名称、所在地、委託代理人

（ii）原告が訴えを提起した日付、立案日（裁判所が正式に訴えを受理することを決定した日付）、合議廷・独任廷の別、審理の開始日、補強証拠の扱い、「本院は

ここにすでに審理を終結した」との文言
（iii）原告の訴え［訴称］、被告の答弁［弁称］、原告側からの証拠材料の提示、被告側からの証拠材料の提示、裁判所による、当事者双方の提示した証拠の評価認定
（iv）裁判所の判断（原告の請求を認めるかどうかの法律論）
（v）判決（適用条文の列挙、原告の請求項目ごとの判決）、訴訟受理費、上訴の要領

上訴審では、原審の上記（iv）と（v）がかなり詳細に再録され、そのうえで上訴審の判断が、新たな証拠についての証拠認定をもふまえて、上記原審の（iv）（v）と同じ内容、形式で下される。裁判例を読むときの最も重要な部分は「本院は以下のように判断する」［本院認為］で始まる（iv）にある。

筆者はこれまで約一七〇〇件の契約紛糾案件に目を通したが、その限りでは、一つの例外もなく、原告の主張と被告の答弁、裁判所の事実認定が正確、詳細に記され、それをふまえて法の解釈論が展開され、判決が導き出されている。判決文の形式は日本の民事訴訟のそれとほとんど変わらない。日本と同様、法は確実に機能している――ときどきとんで

もない判決が見られないわけではないが[*1]――というのが、筆者の実感である。

3 「健訟」社会中国

中国では、契約をめぐる訴訟件数が群を抜いて多いとして、では何故多いのであろうか。市場経済のもとでは、人々はさまざまな種類の取引をなし、その取引の増加は契約の増加をもたらす。ここまでは市場経済が発展した国であればどの国でも同様である。そのうえで、何故訴訟件数が多いのかといえば、その答えは簡単である。契約を結んでも、当事者の一方が契約を守らず――そのことは日本の多くのビジネスパーソンが実感しているだろう――、しかし、守られなかったからといって、決して泣き寝入りしない人々が数多く存在するからである。このような「健訟」(litigious)観念の強烈な中国社会での、権力の介在しない私人と私人の争いにおいては、でたらめな判決は到底本人が承服しないだろう。

(3) 中国契約法の特質――先履行の抗弁権

1 同時履行の抗弁権か、それとも先履行の抗弁権か

中国契約法は、日本の契約法と比べてはるかに国際的立法の影響を強く受けている。しかし、仔細《しさい》に見ていくと、その中には日本の法学者・実務家が首を傾《かし》げるような中国独特の条文や解釈論も存在する。

その一つは、民法典五二六条の、「当事者が相互に債務を負い、履行順序に先後があり、先に履行すべき一方の当事者が履行しなかったときは、後履行者はその履行を拒むことができる」という先履行の抗弁権の規定である。この規定は、中国の学者が「わが国の独創にかかる」*2と自負しているものである。契約は、例えば消費者がデパートで買い物をするときのように、買主の代金支払と店員の商品引渡しが同時に行われるような契約ばかりではない。企業間の取引、とりわけ一回限りで終わらない継続的な取引では、甲が先に目的物を引き渡し、半年後に乙が代金を支払うといった類いの契約のほうが普通であろう。

そこで問題になるのは、甲が履行期日到来にもかかわらず目的物を引き渡さず、その状態（履行遅滞）がズルズルと続き、そうこうしているうちに乙の代金支払期日が到来した

といったケースである。このとき、甲が乙に対して、ともに履行期が到来しているのだから、同時履行の関係にあり、乙が代金を払わない限り、物を引き渡さないと言えるだろうか。これを同時履行の抗弁という。常識的に考えたら、甲はなんと理不尽な奴《やつ》だと思われるだろう。しかし、中国以外の大半の国が、この甲の抗弁を認める。もし乙が物を引き渡してほしいと思えば、乙が代金を払って甲の抗弁権を消さなければならない。

何故そういう結論になるのか。日本では、甲は履行期日が到来しているのに履行しないのだから、それで乙の側に損害が発生すれば、損害賠償を請求できるし、また甲に対して履行を促すべく催告し、それでも甲が履行しなければ、契約を解除し、生じた損害の賠償請求もでき、それで十分であり、あとは甲と乙は同時履行の関係で調整すればよいと考える。それ以上に、先履行の抗弁に担保的意味合いを含めるべきではないというわけである。

2　中国の独創にかかる先履行の抗弁権の存在根拠

ところが、中国では、甲の側からの同時履行の抗弁を認めない。その理由として、違約者が権利を主張するなどもってのほかであると考える学者もいる。[*3] しかし、こうした倫理的側面からの批判に対しては、違約者に対しては違約責任を追及できるのであるからそれで十分ではないか、という反論が十分に成り立ち得る。では、ほかにどのような理由があるのだろうか。どうしても契約目的を実現したいと思えば、通常は、そうした債務不履行の事態を想定して、乙は連帯保証人を求めたり、抵当権を設定したりするだろう。

しかし、そうした人的・物的担保が期待できない場合もある。そうした場合を想定して作られたのが先履行の抗弁である。この先履行の抗弁に積極的価値を認める論者の理由を聞いてみよう。「当事者が契約において履行義務の先後順序を約定することには必ずその目的があ」り、「一方の義務履行が他方の義務履行の担保となる場合」はその典型例をなす。こうした担保は、「契約の当事者には往々にして契約の履行に必要な信頼が欠けている」場合に非常に重要になってくる。「取引の当事者間に信頼関係がなく、社会的信用の度合いが高くないか、または社会経済に比較的大きい変化が生じた場合において、この種の担保機能は非常に重要である」[*4]。対中取引に携わるビジネスパーソンにとって傾聴に値する見解であろう。対中ビジネスにおいては、相手が一筋縄では契約を履行しないことを想定して、契約締結の交渉段階で積極的にこの先履行の抗弁条項を約定に書き込めということである。

(4) 中国契約法の特質――約定がすべて

1 日本法における「原則」と特約

上記の議論とも密接に関係するが、対中ビジネスで注意しておくべき点がもう一つある。それは契約締結における約定の重要性についてである。先履行の抗弁も、約定にそれを書き込まなければ、効力が生じない。では、履行の順序について、約定が交わされていないときはどうなるのであろうか。

例えば下宿とか、マンションの賃貸等、日常生活に密接な関係を有する賃貸借契約について、日本民法は、賃料の支払時期について、「賃料は、動産、建物及び宅地については毎月末に、その他の土地については毎年末に、支払わなければならない」(六一四条)と定めている。また、請負契約の報酬の支払時期について「報酬は、仕事の目的物の引渡しと同時に、支払わなければならない」（六三三条）と定めている。したがって、民法の教科書でも、「民法の規定によって対価が後払いとされる契約……においては、特約なき限り、相手方は、対価の支払（またはその提供―原文）のないことを理由として、同時履行の抗弁権を主張することはできない」[*5]と説き、この後払を「原則」と理解する[*6]（我妻栄）。

しかし、少し民法の知識をもつ人であれば、契約法は契約自由を原則とするのであるから、約定こそ原則で、約定がないときにはじめて法律の規定が適用されると理解すべきではないか、我妻栄も「特約なき限り」と述べているではないかと、疑問を抱くかもしれない。しかし、日本の民法典において列挙された、賃貸借、請負等の各種契約類型（典型契約）は、契約の構造に着目して練り上げられてきた歴史的・論理的意味を有するモデルであり、我妻が、賃貸借や請負では賃料や報酬は後払が「原則」というとき、その「原則」にはそれなりの重みが込められているのである。約定が「特約」という語で表記されているところにも、例外的という響きが感じられる。ところが、中国契約法の典型契約では、まず、約定が来る。約定こそが「原則」なのである。

2　中国では約定こそ原則

中国法の条文では、賃貸借契約の賃料の支払時期については、「借主は約定の期限に従い賃料を支払わなければならない。支払期限について約定がないか、または不明確なときは……賃貸借契約期間が一年未満の場合は賃貸借期間の満了時に、一年以上の場合は、毎年の年末に、残余期間が一年未満のときは、賃貸借期間満了時に支払わなければならない」（民法典七二一条）と規定する。また、請負契約の報酬の支払時期についても、「発注者は約定の期限にもとづいて報酬を支払わなければならない。報酬支払の期限が約定されていないか、約定が不明確な場合は……発注者は請負人が仕事の成果を引き渡したときに支払わなければならない」（同法七八二条）と規定している。ここでは、約定こそが原則であり、約定がないときに、日本民法でいう「原則」が「特約」の響きをもって、例外的に規定されている。

こうした法律条文の記述の仕方の違いについて、民法後発国の中国には、典型契約というものの歴史的・論理的意味が分かっていないと考える論者がいるかもしれない。しかし、もしそう考えるとしたら、それは中国の民法学者を見くびっているであろう。そこには、やはり中国法特有の、特別のことがない限り、当事者間の約定を何よりも重視する、約定こそ原則であるという法観念が強烈にはたらいていると見なければならない。裏を返せば、相手方の反論を封じるためには、約定が最も効果的であるということである。筆者がこれまで見てきた裁判例からも、約定重視の観念が司法実務で非常に強いとの印象をもっている。

3　約定がなければ同時履行に戻る

筆者は、「中国における同時・先履行の抗弁権の基礎的研究」という拙文で、「同時履行と先履行は契約類型の違いによって区別されることはない。売買契約でも先履行は存在するし、賃貸借［租賃］契約や請負契約でも同時履行は存在する。その違いは偏《ひとえ》に履行順序に関する約定の有無による。約定がなければ同時履行と解釈するのが司法実務の基本で、契約類型の構造によって区別する裁判例は筆者の見た限りでは存在しなかった」[*7]と述べたことがある。現在でもその認識に変わりはない。[*8]

このような司法実務は、約定がなければ、賃料や報酬を後払とする前掲の賃貸借契約に関する中国民法典七二一条、および請負に関する七八二条の規定の仕方とも一見すると異なるようにみえる。このことは何を意味するだろうか。この問題は、今後の検討課題としたい。事柄は履行の抗弁だけの問題ではない。対中ビジネスに携わる関係者は、中国での約定の重要性を是非銘記しておいてほしい。

第二章　悪魔の証明を強いられた日本企業

——三菱自動車株式会社損害賠償事件

（1）不法行為のさまざまなタイプ

1　不法行為とは

第一章で、対中ビジネス上、基本となる中国契約法を取り上げてみたが、本章では、不法行為法［権利侵害責任法］を取り上げてみたい。不法行為とは、契約違反によることなく、他人の権利を侵害して損害を加える行為のことである。本章では、日本企業が被告となった製造物責任法［産品質量法］の事例[*1]を紹介してみたい。この事例は、『最高人民法院公報』（二〇〇一年第二期）にも掲載されたものである。最高法院はどのような理由でこの事例を掲載したのか定かでないが、筆者の目からすれば、挙証責任上関心をひく事例である。挙証責任とは、主張する側が、主張を根拠づける証拠を提示する責任のことである（中国民事訴訟法六四条）。本件は、損害賠償の請求をめぐって原告と被告のどちらが挙証責任を負うかが問題となった事件である。

2 不法行為の基本型

不法行為を原因とする損害賠償請求の事件といっても、その種類は多様である。卑近な例でいえば、交通事故による損害賠償がある。中国に行ったことのある人であれば、中国のドライバーの乱暴な運転に、驚きと恐怖を覚えた人も少なくないはずである。ところで、この交通事故の不法行為は、不法行為法の基本型ではない。例えば医者の手術ミスで患者が死亡したような事件は、医者の過失（注意義務違反）を要件とする（このケースは不法行為法、契約法のいずれをも適用できるが、その問題はここでは論じない）。医療事故が不法行為の基本型をなすという意味は、一つには、被告＝加害者である医者の過失を要件とするということであり、もう一つは、被告に過失が存したことを原告である被害者側が証明しなければならないということである。交通事故は、この意味での基本型ではない。

3 自動車事故で中間責任をとる日本と、無過失責任をとる中国

自動車事故が不法行為法上の基本型でないとしたら、どのような型であるのだろうか。

この解答は国によって異なってくる。日本法（自動車損害賠償保障法）は、一方で、不法行為の基本型である過失責任主義を踏襲しつつ、しかし、挙証責任を被告＝加害者に負わせている。被告は、自分に過失がなかったことを証明できなければ、損害賠償責任を逃れられない。過失の有無の挙証責任を、原告から被告に転換させたわけである。過失責任主義を放棄はしないが、加害者が過失のなかったことを証明するのは至難の業であるから、事実上、無過失責任に近くなる。純粋の過失責任でも、過失を要件としない純粋の無過失責任でもないという意味で、これを中間責任という。日本がこの中間責任をとるのに対して、中国の道路交通安全法は、運転者に過失がなくても、必ず損害額の一割の範囲内で賠償責任を負わなければならない（七六条）。これは無過失責任である。この自動車事故に限らず、中国の不法行為法には、無過失責任の規定が多い。

4　無過失責任規定の増加と公平責任

無過失責任の規定が多くなってきていることは、どの国でも見られる趨勢《すうせい》である。「行為者が過失によって他人の民事権益を侵害したときは、権利侵害の責任を負わなければならない」（民法典一一六五条）けれども、「行為者が他人の民事権益に損害を与え、行為者の過失の有無を問うことなく、権利侵害責任を負うべきことを法律が規定しているときは、その規定による」（同法一一六六条）という中国の規定の仕方も、そうした時代の趨勢に沿ったものである。

しかし、過失責任の例外をなすものとして定められた無過失責任の規定とは別に、もう一つ、「被害者と行為者が損害の発生にともに過失がない場合、実際の情況にもとづいて、双方が損失を分担する」という規定が、二〇〇九年制定の権利侵害責任法二四条のもとで存在してきた。これを公平責任と称する。ここまでくると、話がややこしくなってくる。何故なら、民法典一一六五条と同一一六六条から帰結する命題は、過失がなくても責任を負うべきことを（a）法律が規定している行為に該当しない限り責任を負わない、ということであり、それに対し、右の権利侵害責任法二四条から帰結する命題は、無過失の特別の規定に該当しなくても、「実際の情況にもとづいて」無過失責任を負わせることができるということで、両者の命題は論理的に矛盾する。

ところが、この権利侵害責任法二四条は、民法典の「被害者と行為者が損害の発生に対してともに過失がないときは、（b）法律の規定によって双方が損失を分担する」（一一八六条）という新公平責任主義の条文に置き換えられることになった。そこでまた話がややこしくなる。右の傍線（a）の「法律」と、傍線（b）の「法律」は同じなのか、それとも違うのかという問題である。同じなら、（a）のほうの民法典一一六六条があればそれで足り、別途一一八六条を設ける必要はない。もし違うのなら、（a）の「法律」と（b）の「法律」の関係はどのようになるのか。この問題は、これから出版される各種注釈書の類いや裁判例で明確化されなければならない。いずれにせよ、中国におけるこの公平責任は曲者《くせもの》で、対中ビジネス上、要注意の概念である（第四章の広東《カントン》省五月花レストラン人身傷害賠償請求事件を参照）。

（2）三菱自動車株式会社損害賠償事件の概要と一審判決

1　事件の概要

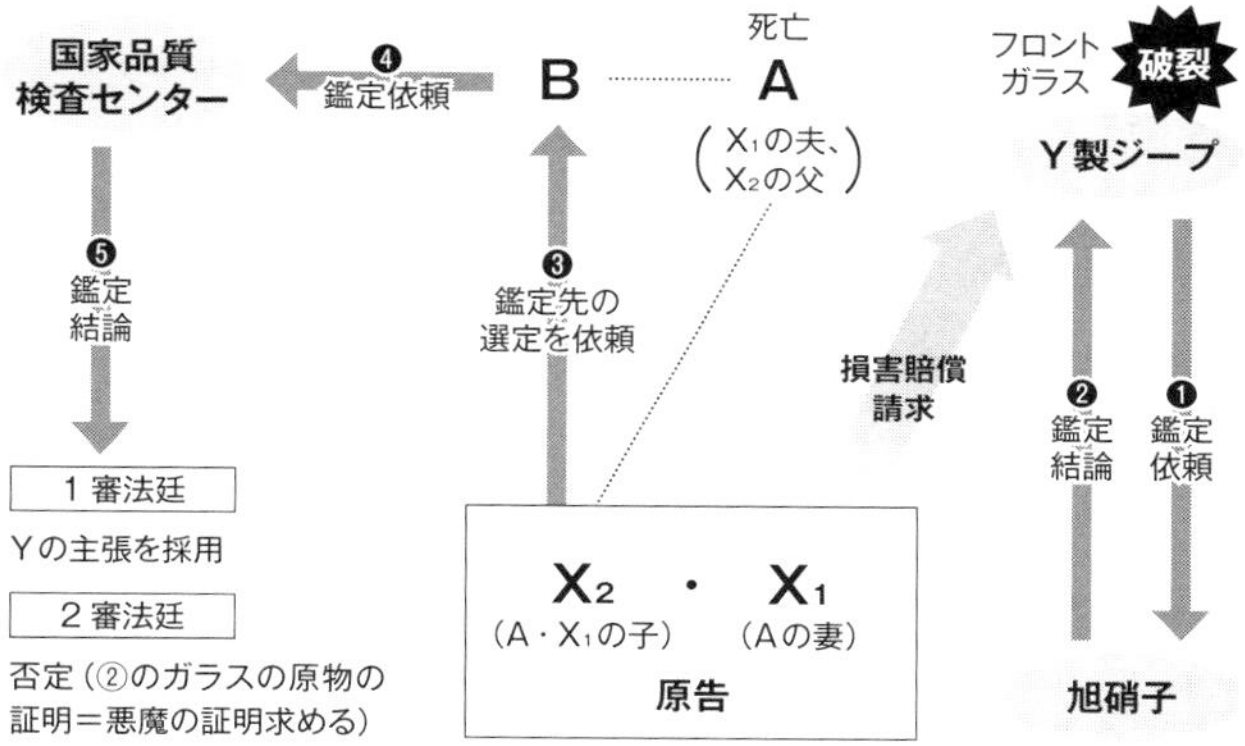

本章で取り上げるのは、自動車事故ではあるが、被害者の死亡が自動車部品の欠陥に起因するかどうかが問題になった事例である。このようなケースに適用されるのが、製造物責任法である。同法によれば、「製品に欠陥が存在したことにより人身、および欠陥品以外のその他の財産に、損害を与えたときは」生産者は過失の有無にかかわらず、「賠償責任を負わなければならない」（四一条）と規定されている。例えばテレビを観《み》ているとき、突然テレビが火を噴き火傷《やけど》を負った場合とか、その発火により家屋を焼失したような場合に適用される法である。テレビ自身の損害については適用されない。テレビ本体の損害については、瑕疵《かし》担保責任に関する契約法が適用される。本件の概要は以下のとおりである。

一九九六年九月一三日、原告陳梅金（X_1）の夫で、原告林徳鑫《りんとくきん》（X_2）の父の林志圻《しき》（A）は、三菱自動車工業株式会社（以下三菱会社と略、Y）製のジープ（車名パジェロ）の助手席に座って、高速道路を莆田市から福州市へ向かっていたが、その途中で、フロントガラスの一部が突然破裂し、直径三〇〇ミリ大の穴があき、その破裂により死亡した。Aの胸部にガラスの破片が残っており、針状の血痕が認められた。医者の診断は「爆震傷による突然死」ということであった。そこで、X_1とX_2はYを相手取って損害賠償請求の訴えを北京市朝陽区の基層法院に提起した。

2　一審法院の判断

一審判決の原文を箇条書き的に記すと、以下のとおりである。

①事故発生後、ガラス破裂の原因を調査するために、被告Yは破裂したフロントガラスを、同じ三菱系列の日本の旭硝子《あさひガラス》株式会社のガラス生産工場に運び、鑑定を依頼した。旭

硝子の鑑定結論は、このたびのガラス破裂の原因は、ガラス自身の品質に問題があったからではなく、外部要素によってもたらされたとするものであった。

②この結論に対して、X_1X_2は同意しなかった。そこで、X_1X_2は、その後、莆田市交通局車両購入付加費徴収管理事務所（Aの勤めていた事務所、実態は輸入車取扱い会社、[*2] 以下B）を通じて、国家品質検査センターに、損壊したガラスの鑑定を依頼した。当センターは、このフロントガラスはプラスチック配合の安全ガラスであり、外力の作用がない限り、ガラス自身が破裂することはないとの推断的結論を下した。

③以上の二つの鑑定意見を受けて、一審法院は、「民法通則一〇六条二項は、市民、法人が過失により……他人の財産、人身を侵害したときは、民事責任を負わなければならないと規定している。本案で明らかになった事実によれば、Aの死亡問題において、被告Yに過失が存したことを原告X_1X_2は証明できず、またAの死亡とYとは必然的因果関係がない」との判断を下し、原告X_1X_2の請求を棄却した。

要するに、一審判決は以下のようなものであった。

本件は民法通則一〇六条二項が想定する不法行為の基本型に属し、原告X_1X_2が、被告Yに過失があったことを証明しなければならない。しかし、X_1X_2が検査センターに依頼して行った鑑定によれば、当該ガラスは安全であるとの鑑定が下された。したがって、当該ガラスを製造するうえで、Yに過失は存在しなかったことになる。過失が存在しない以上、原告は損害賠償を請求することはできない。

3　一審判決の明らかな誤り

しかし、この一審判決には問題がある。それは、本件を不法行為法の一般規定で処理していることである。一般規定における不法行為の成立要件は、加害者の行為に過失があり、この過失により損害が発生することである。日本でも、製造物責任法が制定される前は、民法七〇九条の一般不法行為法の規定で処理せざるを得なかったので、「過失」の中に「欠陥」を含めるという解釈を講じた。しかし、「製造物の欠陥が製造工程に由来している場合には、一般的に欠陥の立証は困難」であり、それでは消費者等の被害者救済が著しく困難となるということで、欠陥を見落とす等の過失が製造者に存したことの立証を不要とする製造物責任法が制定されたのである。[*3] 中国では、本件訴訟当時、すでに製造物責任法が制定されており（一九九三年）、朝陽区基層法院が、製造物責任法を適用しなかったのは、法律適用の明らかな誤りである。

一審は、被告Yの全面勝訴であった。Yの法務部門はほっと胸をなでおろしたことであろう。しかし、この一審判決は、ことごとく二審で否定された。

（3）二審の判断と評価

1　一般的不法行為でない

まず一審判決の③についてであるが、右に述べたように、本件は過失責任主義を基本とする一般的不法行為ではない。本件は、製造物責任に関わる事件で、自動車部品のフロントガラスの欠陥の有無が争点をなし、欠陥の形成に過失があったかどうかの立証は問題とはならない。欠陥の事実が証明でき、それと実際の損害（被害者の死亡）との因果関係が証明されれば、原告の請求は認められる。

2　欠陥が存在したことの推定

次に②について。これについて一審は推定の方法をとって、被告Yの証明を支持した。しかし、二審は同じ推定の方法をとって、原告側の証明を支持した。原告X_1X_2が提出した病院の診断書、検屍《けんし》結論書等の証拠を通じて、Aの死亡は鈍器によるものとか、前方を走行していた別の車両の後尾へのジープの追突といった外的要因は排除され、車両の正常な使用中にガラスが破裂して死亡事故が発生したとしか考えられないと、二審は推定したのである。

これは、一審法院が②で示した、フロントガラスはプラスチック配合の安全ガラスで、外力が加わらない限り絶対に破裂することがないから、フロントガラスには問題がないと推定したのと反対の推定である。

ただ、二審の右の判断はあくまでも推定にもとづくものであり、フロントガラスが「問題を発生させた」という言い方はするものの、原告によってフロントガラスの欠陥の存在が証明されたと言っているわけではない。二審も、本件の本筋は、当該フロントガラスの欠陥の直接的な証明にあることを認識している。「フロントガラスの突然の破裂が当該産品の欠陥にもとづくものかどうか、このことが本案での双方当事者の争いの焦点をなしている」との言は、そのことをよく示している。

3　被告による製造物の欠陥の免責の証明と、原告による欠陥の証明——中国法の立場

挙証責任をどちらに負わせるかは訴訟の帰趨を制するといっても過言ではない。中国法は、製造物の欠陥の証明については原告が、欠陥に対する製造者の免責の証明は被告が負うという立場をとっている。中国の製造物責任法は、この後者に関してのみ規定する。すなわち、原告が製造物の欠陥を証明した場合に、たとえ欠陥が存在したとしても、それが一定の事由に該当するときは、被告＝製造者の責任を免除する。具体的にいえば、製造物が、（i）まだ流通に投じられていなかった、（ii）流通に投じられたとき、損害を引き起こした欠陥はまだ存在していなかった、（iii）流通に投じた段階での科学技術水準では、欠陥の存在を発見できなかった、ということのいずれかを証明できれば、製造者は免責さ

れる。

しかし、同法は、欠陥が存在しなかったことの証明までをも製造者に求めているわけではない。そこまでの証明は求めていない以上、民事訴訟法の、主張する者は証拠を提供する責任を負うとの原則（六四条）に立ち返って、欠陥の証明、および欠陥と損害の発生の因果関係の証明は原告が行わなければならない。これが中国法の立場である。

4　二審による挙証責任の転換とYの大失態

ところが、二審は、挙証責任を原告X_1X_2から被告Yに転換するという方法をとった。Yに対して、「製造物の欠陥が存在しないことの証明」まで求めたのである。奇異なことであるが、被告の三菱会社側はこの点についてまったく異議を唱えていない。さらに、もう一つ、被告は大失態を演じていた。それは上記①の、事故発生後、ガラス破裂の原因を調査するために、被告Yは破裂したフロントガラスを同じ三菱系列の旭硝子会社の生産工場に運び、その鑑定を依頼したという点である。Yは「こっそり」「私自」と、証拠物を日本に持ち帰ったのである。Yの法務部門は、中国では、証拠物の鑑定については、裁判所が法定の鑑定部門を指定するということを知らなかったのであろうか。挙証責任の転換を安易に認めたことと、大事な証拠物を勝手に日本に持ち帰ったこととがあいまって、Ｙは苦境にたたされることになった。

5　二審の挙証責任の転換の根拠づけ

二審の裁判官は、挙証責任の転換をどのように根拠づけたのであろうか。二審は、製造物責任法四一条の立法趣旨を、そのまま欠陥の存否の挙証責任にも持ち込むという方法をとった。すなわち、

生産過程においては、生産者が一貫して主導的・積極的地位にある。彼らだけが産品に存在する欠陥をすみやかに発見し、かつその欠陥を回避する工夫をこらすことができる。大多数の消費者は、専門的知識と生産過程全体に対する理解を欠いているため、すみやかに産品の欠陥を発見し、自己の行為をもってそれが生じさせる危険を防ぐことはできない。

という四一条の、人身および他人の財産の侵害に対する損害賠償の無過失責任の立法趣旨［原意］を、そのまま欠陥の不存在の挙証責任論にも持ち込み、

この問題の挙証責任は、生産者に負わせるべきである。生産者がフロントガラスに欠陥が存在せず、別の特定の原因の作用を受けて破裂が生じたことを証明できなければ、製造物責任を負わなければならない。

と主張したのである。しかし、生産過程において欠陥を発見し、回避すべき義務を製造者が怠ったことの過失を消費者が証明することは困難なので、過失の立証を不要とするということと、欠陥の挙証責任の転換とは別個の問題である。日本法も、EU法も、消費者が生産過程における過失を立証することは不要とするも、だからといって、消費者に欠陥の証明も負わせないとはいっていない。中国の製造物責任法も同様である。挙証責任の転換に関する明文の規定がない以上は、民事訴訟法六四条に従い、原告に欠陥の存在を証明さ

せるべきである。

本件と同様、日本企業が被告となって自動車部品の欠陥が争われた横浜ゴム（横浜タイヤ）事件[*4]でも、原告に欠陥の挙証責任を負わせ、欠陥の証明ができなかったとして、被告横浜タイヤ側勝訴の判決を下している。製造物責任法および民事訴訟法の解釈からしても、類似の裁判例の動向から見ても、上記のような本件二審の、欠陥の挙証責任転換の根拠づけは無理であるといわなければならない。

なお、本件判決の翌年に、最高法院の「人民法院は公平原則と誠実信用原則にもとづき、当事者の挙証能力等の要素を総合して、挙証責任の負担を定めることができる」という司法解釈が出された（「民事訴訟の証拠に関する若干の規定」七条）。しかし、これは「法律に具体的規定が存在しない」（同条）場合を想定した規定であり、本件判決後に出た解釈であるというだけでなく、民事訴訟法に具体的規定が存在するのだから、この司法解釈適用の前提を欠いている。

（4）墓穴を掘った三菱会社

1　二審判決を決定づけた証明妨害論

ところで、証明妨害による挙証責任の転換という理論がある。二審法院がこの理論を積極的に採用した明証はないが、結果として、この理論が本件の二審判決の方向を決定づけた。村上幸隆はこれこそが本件での挙証責任転換を導いたと主張する。[*5] これは傾聴に値する理論である。証明妨害とは、「訴訟当事者の証明活動を相手方当事者又は第三者が妨害すること」[*6]であり、本件にあてはめれば、原告X_1X_2が被告Yの製造したフロントガラスの欠陥を証明しようとしたのに、それを妨害したということである。確かに、上訴人X_1X_2は、その上訴理由の中で、「被告は許可もなくひそかにフロントガラスを日本に持ち帰り、当該ガラスのメーカーに鑑定を依頼しており、このことだけでこの鑑定結論は無効となるが、被告が日本から北京に持ち帰ったガラスが事故車のガラスであるかどうか、確定できない」ではないかとか、「現在、原物は破損しており、証拠は失われてしまっており、挙証責任は被告が負わなければならない」といった主張をしており、これは証明妨害の議論である。

2　悪魔の証明を強いられた三菱会社

この証明妨害論が二審判決の方向を決定づけたことは、紛れもない事実である。二審の判決は以下のとおりである。

　本案の、この産品に欠陥が存在したかどうかを証明できる唯一の物証である破裂後のフロントガラスについて、Bが被上訴人であるYと密封保存することを約定し、その後、BはYに対して、国家品質検査センターにそれを送って検査鑑定してもらいたいとしばしば申し立てた。Yは承諾後、なんとBの許可も得ないで、当該ガラスを勝手に日本に運んでしまった。その後、中国に送り返されてきたが、Yはこの送り返してきた物が原物であることを証明できず、かつガラスはすでに粉々となっていて、検査のしようがなかった。Yは、事故のガラスと期日、ロット番号が同一のガラスを国家品質検査センターに送り、実物鑑定を行うことを主張したが、原告X_1X_2の反対にあった。種類物と特定物が完全に同等であることなどあり得ないので、原告X_1X_2の反対理由は成立する。このような場合、挙証不能の敗訴責任は当然Yが負わなければならない。

「送り返してきた物が原物であることを証明すること」は悪魔の証明と言わざるを得ない。こうした事態に追い込まれたのは、勝手にフロントガラスを日本に持ち帰ったYの法務部門の、中国法に対する軽視、否、無知に起因すると言うほかない。

第三章　対日損害賠償請求における法と政治

――「商船三井」船舶差押事件とその後

筆者は、二〇一四年五月三〇日、民放のBSテレビへの出演を求められ、表題の事件について勉強する機会を得た。この事件は法的にはいろいろな論点を含んでおり、事例研究の恰好の素材をなすが、二〇一四年の時点で筆者が痛感したのは、本件に関する日本社会の受け止め方と筆者の受け止め方のギャップであった。こと日中に関わる事件が発生すると、とかく政治的に穿鑿《せんさく》しがちになる日本人の対中国観に対する反発もあった。この事件は純粋な渉外民事案件であり、民事訴訟当事者として受けて立った以上、敗訴した側には判決履行義務があり、その履行義務が果たされなければ、強制執行手続がとられるのは、日本でも中国でも当たり前ではないかというのが、筆者のそのときの受け止め方であった。しかし、本当にそういう理解でよかったのかというのが、本章でのテーマである。

(1)「商船三井」船舶差押事件

1　事件の概要

・訴訟当事者

一審を担当した上海海事法院の民事判決書[*1]を通じて、事件の概要を記してみよう（関係図は八四頁）。

原告に名を連ねているのは、提訴時は中威輪船公司（以下X_1）と陳洽群《ちんこうぐん》（以下C）であったが、その後、Cの死亡にともない、判決時の原告はX_1およびCの相続人の陳震（以下X_2）と陳春（以下X_3）の三者であり、X_2とX_3は兄弟で、X_3はX_1の社長［総経理］である。

判決時の被告は商船三井株式会社（以下Y）である。

・原告の主張

原告X_1は大同海運株式会社（以下A。その後、ジャパンライン→ナビックスライン→商船三井）との間で、一九三六年六月一六日と同年一〇月一四日、船名「順豊」と「新太平」（以下両船と略）をそれぞれAに賃貸し、賃貸期間は一年とする内容の［定期租船合同］を締結した。

ここで、筆者の私見を差しはさむと、この〔定期租船合同〕をどう訳すかは、実は、非常に重要な論点をなす。この〔定期租船合同〕につき『新漢英法学詞典』[*2]を引くと、time charter の語があてられている。そこでこの time charter につき『英米法辞典』[*3]を引くと、time charter は定期傭船《ようせん》契約と訳され、それは「船主が傭船者に一定期間につき船舶の利用を認めるが、当該船舶の占有・管理は、傭船者に移転されず、船主が自己の被用者である船長・海員を通して依然、船舶の占有・管理を行う。したがって船員の過失による船舶衝突等の不法行為責任は、船主が負うことになる」と説かれている。もし〔定期租船合同〕を定期傭船契約と訳し、その意味内容を上記のように解すると、両船のアメリカ海軍の撃沈等による滅失の不法行為責任は「船主」X_1または陳順通（X_1のもともとのオーナー。以下B）が負うことになる。そうなると、本件原告X_1、X_2、X_3の側からの損害賠償請求自体が成り立たなくなる。本件判決文を見ると、原告は一貫してAが占有し続けていたと主張し、上海海事法院も、管轄権は日本政府にあり、Aが実際に占有していたとの事実認定をなしている。したがって、本件の〔定期租船合同〕を定期傭船契約と翻訳すると、誤解を招くことになるので、字義どおり船舶定期賃貸借契約と訳すしかない。

以上の私見をふまえて、以下、原告の主張に続けると、この賃貸借契約を上海で締結したのであるが、Aは一九三七年八月から賃料未払となり、しかも契約で約定した船舶返還時期が来てもなお両船を占有、使用し続け、両船がその後沈没しても、Aは補償費その他いかなる費用も支払うことはなかった。

X_1はBが上海で登記した独資企業（Bの全額出資企業）で、会社の名称を商号名称とし、X_1のもともとのオーナー［業主］のBが一九四九年に死亡した後、その子供のCが遺言により権益を行使した。Cは一九五八年に香港《ホンコン》に移り住み、香港の法律にもとづき（同名の会社X_1を）設立した。Cが一九九二年に死亡した後、その子供の$X_2$$X_3$が引き続きその権益を継承して現在に至っている。

・X_1、X_2、X_3の請求内容

（ⅰ）両船の船舶賃料未払および占有使用費（日本円で一六億一六九八万七二〇〇円）を支払うこと。（ⅱ）前項（ⅰ）で請求している額の四五年分の利息、年利五％で計算し、三六

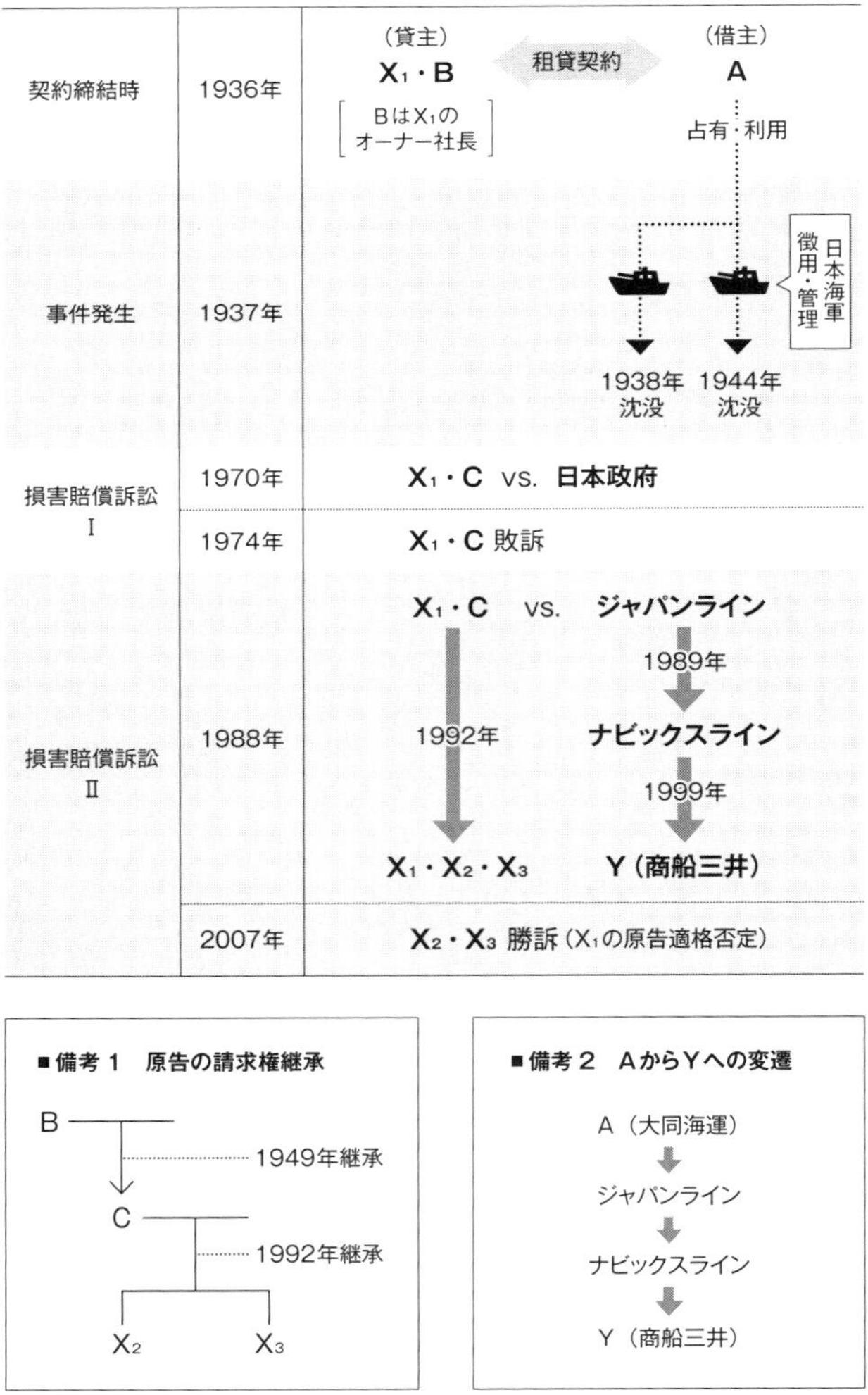

契約締結時
1936年
（貸主）
X1・B
租貸契約
（借主）
A
BはX1の
オーナー社長
占有・利用
事件発生
1937年
日本海軍
徴用・管理
1938年
沈没
1944年
沈没
損害賠償訴訟
I
1970年
X1・C vs. 日本政府
1974年
X1・C 敗訴
損害賠償訴訟
II
1988年
X1・C vs. ジャパンライン
1989年
ナビックスライン
1999年
1992年
X1・X2・X3
Y（商船三井）
2007年
X2・X3 勝訴（X1の原告適格否定）
■備考1　原告の請求権継承
B
1949年継承
C
1992年継承
X2
X3
■備考2　AからYへの変遷
A（大同海運）
ジャパンライン
ナビックスライン
Y（商船三井）

億三八二三万一二〇〇円を支払うこと。(iii) 賃料未払によりもたらされた原告の営業損失一〇〇〇万米ドルを支払うこと。(iv) 両船の滅失による損失四五億二四〇三万二〇〇〇円と一一〇〇万米ドルを支払うこと。(v) 原告が招聘《しょうへい》した弁護士費用を支払うこと。

この(v)にある招聘弁護士については、「総勢五六人にもおよぶ中国、香港、台湾、アメリカの著名な弁護士によって弁護団が結成された。この人数は中国の民事訴訟史上、最大[*4]」であったとのことであった。

• Yの答弁[弁称]

(i) Bが上海で設立したX_1は一九四五年に廃業し、一九三六年にAと船舶賃貸借契約[租船合同]を締結したX_1はすでに存在しない。Cが一九五八年に香港で設立した同名の会社X_1、およびX_3が一九九三年に香港で設立した同名の会社X_1は本案とは無関係である。

(ii) $X_2$$X_3$は船舶賃貸借契約の締約人ではなく、本案の共同原告となる資格を有しない。

(中略) B、Cの二通の遺言は被相続人死亡地の法律または生前最後に住んだ地の法律によって効力を認定すべきであり(つまり香港の法律にもとづくべきであり)、$X_2$$X_3$の訴訟参加には法的根拠がない。(iii) 両船は一九三七年にそれぞれ日本軍により「拿捕《だほ》」(判決文の他の箇所では「捕獲」とも称す)され、その後は日本政府によって占有され、その結果、船舶賃貸借契約は終了した。Aは契約履行期間において違約も過失もなく、いかなる責任も負う必要はない。(iv) 原告が請求している損失は事実の根拠がない。(v) 原告は実際には一九八九年五、六月の間に本案訴訟を提起したが、訴訟時効が成立している。(vi) 原告が訴えている損失は、日本の裁判所において、日本政府に対して不法行為の賠償として提起したものである。原告は本案で両船の賃料、運営損失および滅失賠償を主張すると同時に、別途、保険会社に両船の滅失の賠償金を主張し、同一事実に重複訴訟を起こしていて、支持を得ることはできず、かつ明らかに訴訟時効を超えている。(vii) 原告は十分な訴訟費用をおさめておらず、訴えは棄却されるべきである。

2 審理の経緯

本件の審理の経過を編年体風に記すと以下のとおりである。

①一九四六年以来、X_1はしばしば日本政府に対して両船の損失を主張。一九四六年一二月一八日、GHQに書簡を渡し、両船の返還を要求。一九四七年二月一五日、再度、GHQに両船の返還を要求。三月二四日、GHQは、両船は戦争中に沈没したことを説明。

②一九六二年一月から、Cはさまざまな方式で、日本において、両船の賠償を継続的に求める。

③一九六四年、日本政府を相手として東京簡易裁判所に調停を申請。一九六七年、不調に終わる。

④一九七〇年、Cは東京地裁に損害賠償請求訴訟を提起。一九七四年一〇月、東京地裁は消滅時効成立を理由に請求を棄却（四〇五五号判決）。

⑤一九七四年、東京高裁に控訴。一九七六年、控訴を取り下げ、東京地裁判決が確定。

⑥一九八八年一二月三〇日、X_1とCがジャパンライン（←大同海運）を相手取って上海海事法院に損害賠償請求訴訟を提起。一九八九年一月五日、立案（案件を審理の対象とすることの決定）。一九九一年八月一五日、審理。一九九二年、Cの死亡にともない、原告に$X_2$$X_3$を追加。一九九五年一月一〇日、審理。同年五月一五日、審理。一九九六年五月二

〇日、審理。一九九九年四月、ジャパンラインの後の新会社ナビックスラインを商船三井社が吸収合併。二〇〇三年一一月二五日、審理。二〇〇七年一二月七日、原告勝訴判決*5(二九億一六四七万七二六〇・八〇円の賠償支払を命ずる)。
⑦双方上訴。二〇一〇年八月六日、上海高級法院、双方の上訴を棄却。
⑧Y、最高法院に再審請求。二〇一一年一月一七日、最高法院、再審請求を棄却。
⑨上海海事法院、強制執行の手続に入るも、執行和解手続を認める。
⑩二〇一三年一二月、原告、再度強制執行を申請。上海海事法院、強制執行手続中において、二〇一四年四月一九日、浙江《せっこう》省の港に停泊中の商船三井社所有バオスティール・エモーション(BAOSTEEL EMOTION)号を差し押さえ、その四日後、商船三井社は上海海事法院の履行期限通知書の要求にもとづき、二九億一六四七万七二六〇・八〇円の賠償額および一、二審案件受理費、執行申請費を支払い、同時に履行遅滞の利息債務につき現金担保を提供。四月二四日、上海海事法院、差押船バオスティール・エモーション号に対する差押えを解除。

3　上海海事法院による差押えと、日中両国政府の反応

この差押えの一報が入るや、日本政府は、一九七二年の日中共同声明の「日本国に対する戦争賠償の請求を放棄する」との条項に反するものとして、この判決を批判した。「中国当局が商船三井の船舶を差し押さえた問題について安倍晋三首相が二二日に『遺憾だ。中国側が適切な対応をとるよう強く求めている』と話していた」、「日本政府は一九七二年に調印した日中共同声明で、中国が日本の戦争賠償請求を放棄したことにより、民間や個人の請求権はなくなったとしている」[*6]といった記事は、そのことを示している。

しかし、中国は、後述の中国人強制連行等の問題と区別し、本件を純然たる私人間での民事訴訟として扱おうとした。駐日中国大使館報道官は「中威輪船公司による日本の商船三井に対する提訴は中日両国の企業間の船舶賃貸契約の違反・権利侵害紛争である」、「指摘しなければならない点は今回の案件は普通の商業契約の紛争であり、中日の戦争賠償問題とは関係がないということである。『中日共同声明』の諸原則を堅持し、守る中国政府の立場は変わっていない」とのコメントを発表した。[*7]

こうした対応は、ことさらに本件を通常の「全国海事法院の船舶差押えと競売の一〇大

典型案例」の一例（しかもそのトップ）として扱おうとした最高法院の態度にも示されている（最高法院二〇一五年二月二八日）。最高法院は本件の意義につき「船舶の差押えを通じて、わが国の法的効力を生じている判決を商船三井株式会社に履行させ、……わが国の法律と司法の権威を守り……わが国の良好な法治のイメージ［形象］を樹立した」と誇らしげに述べ、日中共同声明中の賠償問題のことはおくびにも出していない。

4　本件訴訟における実体法上の問題——被告に不法行為責任を問えるか

日中共同声明と本件との関わりに関する中国政府のこのコメントは、微妙な問題を含んでいる。原告のX_1は、一度は、日中共同声明以前の、一九七〇年に日本政府を相手取って不法行為にもとづく損害賠償請求訴訟を起こしている。それは、日中戦争の始まった一九三七年に、大同海運が賃借していたX_1所有の船舶を日本海軍＝日本国が「徴用」「扣留」したことに起因するからである。そうであるとすると、純然たる私人間の民事訴訟といえるのか、疑問が生ずる。

また、本件訴訟の中で、Yは、「順豊、新太平の両船は、一九三七年八月、日本軍によって〝捕獲〟され、以後、日本政府によって占有され、船舶賃貸借契約は終了した」と主張した。これに対して、裁判所は、「被告は日本軍によって両船を徴用されたことを〝捕獲〟であったと主張するが、〝捕獲〟の性質のものと断定できる証拠を提示していない」として、Yの主張を斥《しりぞ》けている。

実は、本件を本務校の法科大学院の二〇一四年春学期の演習で取り上げた際、学生間で最大の争点をなしたのは、Yに対して、X_1の船舶所有権の権利侵害責任を問えるかという疑問であった。日中戦争が勃発した情況のもとで、Aが日本海軍の「徴用」（その実態は〝捕獲〟、別の箇所では〝拿捕〟と主張）に抗して所有者X_1に目的物を返還することが果たして可能であったのか、Aからすれば抵抗のしようのない不可抗力ではなかったのか、という疑問である。もしこの主張が認められるとなると、原告は当時の海軍、すなわち日本国を相手として、権利侵害に起因する損害賠償を請求しなければならなくなる。しかし、日本国を相手とするとなると、日中共同声明との関連で問題となるだけでなく、日本政府から実際に損害賠償金を獲得することは不可能であるという問題がある。原告側としては、おそらくなんとしても本件を純然たる私人間での民事賠償案件としなければならなかった。おそらく上海海事法院も、その方向で本件の処理をはかろうとしたと推測される。

それがうまくいったからであろうか、前述の如く、二〇一五年二月二八日に、最高法院は、本件を「全国海事法院の船舶差押えと競売の一〇大典型案例」の筆頭に掲げた。

5　本件訴訟における法律遡及の問題

上記4に見たように、実体法上（権利義務関係の成立上）の問題として、Yの答弁は成り立つ余地があると筆者は考えるが、その答弁とは別に、もう一つ、法律不遡及の主張はできなかったのであろうか。X側は損害賠償請求の根拠法を「中華人民共和国海商法」および「中華人民共和国民法通則」に求めているが、両船が徴用された時期は一九三〇年代であり、当然、その時期にそれらの法律が存在するはずもない。当時現行法としては、中華民国民法等の法律しか存在しなかった。上海海事法院での本件判決が下されたのは、二〇〇七年であるが、それに先立ち、中国の著名法学者七名の連名による論文の筆頭者である謝懐栻《しゃかいしょく》は、一九三〇年代の時期の行為に中華人民共和国の法律を適用することは、法律不遡及の原則に照らして認められないと主張している。上海海事法院の判決文を見ると、

「双方当事者は法廷での審理の中で、中華人民共和国の法律を適用して本案の争いを処理することに同意した」とある。何故、この誤った法律の適用に対して反論をしなかったのであろうか。この点は、党中央が一九四九年二月に公布した「国民党の六法全書廃棄」の指示に緊縛されていた上海海事法院の急所をなす。何故なら、この指示を盾に中華民国国法等の効力を否定するとなると、その後、中国市民の側から日本政府あるいは日本企業を相手取ってなされる強制労働等を理由とする損害賠償請求訴訟の時効問題をクリアーできなくなるからである（後述（2）参照）。

6　商船三井社のリスク管理に関するある弁護士の意見

本件差押事件については、弁護士の立場から、商船三井社のリスク管理のまずさを指摘する声も存した。「この事件の記事を読んで論点は色々ある……と思うのですが、まずは何よりも商船三井のコメントが『差押は寝耳に水である。』とのんきなことを言っていることが同社の危機管理の甘さを露呈しているのではと思った次第です[*8]」とのコメントはその一例である。確かに、Yは、この差押えの件に関して「当社は上海海事法院と連絡を取りつつ、和解解決を実現すべく原告側に示談交渉を働きかけていたが、今般、突然差し押さえの執行を受けた」[9]と述べている。しかし、Yが、この差押執行を「突然」のことと本当に思っていたとしたら、あまりにものんきと言わなければならない。

7　強制執行と執行和解手続

どこの国でも同じであろうが、中国でも、原告勝訴の判決の効力が発生すると、被告には判決を履行する義務が生じ、判決で定めた履行義務期間（おおむね二週間程度）の最終日から起算して二年以内に原告は裁判所に執行を申請する。その申請を受けて裁判所は被告に執行通知書を送付し、なおも被執行人が判決義務を履行しないときは、裁判所は被告の財産の差押え、凍結等の措置をとる。ただし、執行期間中に執行和解協議を行うことが認められており（民事訴訟法二三〇条）、その協議の期間中、執行は中断される。この執行和解は裁判例、特に強制執行と密接に関連する債権者取消権の裁判例等において散見し、特に珍しいものではない。執行和解協議が不調に終われば、改めて原告は裁判所に強制執行を申請し、執行に入る。

以上の執行手続を本件にあてはめてみると、二〇一一年一月一七日に最高法院が再審請求を棄却し、ここに被告には判決を履行する義務が生じ、最高法院の裁定後まもなく上海海事法院に原告が執行を申請し、それを受けて同法院が執行通知書を送付し執行に入る段で、当事者間で執行和解協議の手続が開始された。二〇一三年一二月に和解協議を断念して原告が再度執行申請をするまで、和解協議は行われたであろう。少なくとも二年以上の和解協議期間があったわけである。そして、和解協議が不調に終わり、再度原告が執行申請を再開するのであるから、当然、強制執行が差し迫っていることをYも感じ取っていたはずである。それを「突然差し押さえの執行を受けた」とは、理解に苦しむ。

筆者は、原告がとった強制執行手続は法律論的には適法の、ありふれたものであり、そのこと自体をけしからんと憤る日本の政府、メディアの論調には従えない。中国側は、裁判所も、またその背後に控えていた党も、徹頭徹尾、本件を政治問題化しないということで臨み、それがうまくいったということであろうか、前述のように、最高法院は、海事法院の差押案件の一〇大典型案例の筆頭に本件を掲げたのである。

8　政治の影

もっとも、この事件に政治の影がまったくないかといえば、どうもそうとも思えない。どこにその影が窺えるか。それは前掲（1）の2「審理の経緯」の⑥においてである。一九八八年にX_1とCが訴訟を起こしてから一審判決が下されるまで、約二〇年かかっている。これは通常の民事事件の処理としては異常に長い。特に、一九九一年の第一回目の審理から一九九五年の第二回目の審理までの空白期間は、いかにも不自然である。原告の側は総力をあげて本件訴訟に臨んでいるわけで、この空白はそうした原告の動きを遮っている印象を否めない。実は、筆者が民放BSの番組[*10]でそのことを指摘したとき、同席していた当時富士通総研経済研究所主席研究員であった柯隆《かりゅう》がすかさず、それは天安門事件ですよと述べた。一九八九年六月四日の人民解放軍の民衆への発砲弾圧に対して、欧米諸国は中国に対して経済取引中断を含めて厳しい態度をとっていたが、日本はそれに同調しなかった。そのことを考慮すべきであるというのが柯隆の意見であった。その意見に従えば、当然、党、具体的には上海市党（政法）委員会が、〝恩に報いるべく〟本件の審理の進捗を押しとどめたというわけである。おそらく、その推測は当たっているだろう。

そして、一審判決が二〇〇七年の時点で下された際にも、党の意向がはたらいていたであろう。毛里和子は「二〇〇五年春の『反日デモ』とそれをめぐる日中の緊張関係は、両国が第五の新しい時代に入ったことを意味する」[*11]と述べている。「日中の緊張関係」により、上海市党委員会が、裁判所によるYの船舶差押えを追認したということは確かであろう。党は最後まで表には出てこなかった。しかし、訴訟の進行を差配したのも、判決内容に同意を与え、強制執行にともなう差押えのゴーサインを出したのも、上海市党委員会であったに違いない。

(2) 李秀梅案件および劉連仁案件

1 時効制度

民事事件であれ刑事事件であれ、時効制度がある。例えば民事で損害賠償請求権を有する債権者が、その請求権を行使しないままに一定の時間が経過すると、もはや裁判所へ訴えることができなくなる（出訴時効）。この時効に関して、「商船三井」案件については、一、二不明の点がある。

その一つは、前掲の（1）の2「審理の経緯」の④に関わる問題である。Cは一九七〇年に、東京地裁に日本国を相手方として損害賠償請求訴訟を起こしており、東京地裁は一九七四年に時効を理由としてCの請求を棄却している。その際、日本の裁判所は日本法を適用したであろうが、その際の消滅時効は民法の規定ではなく海商法の船舶所有者の債権の短期時効一年の規定が適用されたと思われる。ただし、肝心の一九七四年一〇月の東京地裁判決（四〇五五号）を筆者はまだ見つけることができないので、その消滅時効の起算点がいつであったのか、不明である。

もう一つの疑問は、前掲の（1）の1「事件の概要」のYの答弁の（v）の部分についてである。そこでは「原告は実際には一九八九年五、六月の間に本案訴訟を提起したが、訴訟時効が成立している」と主張している。しかし、原告は一九八八年一二月三〇日に損害賠償請求訴訟を提起しており、この事実とYの主張は一致しない。なお、Yが主張する訴訟時効とは、香港法を基準とするものであったと思われる。そのことは、「事件の概要」のYの答弁の（ii）の文面から窺うことができる。

以上のような疑問が存するのであるが、「商船三井」船舶差押事件においては、上海海事法院は、ほかのことを一切顧慮することなく、中華人民共和国法での債権の消滅時効に関する唯一の規定であった民法通則、およびその司法解釈「民法通則を貫徹執行するうえでの若干の問題に関する意見（試行）」にもとづき、民法通則実施（一九八七年一月一日）以前の民事権利被害者の出訴時効は、一九八七年一月一日から起算して二年とするとの規定を適用した。そこでCは、一九八八年一二月三〇日という、出訴時効が成立する直前になんとか間に合わせて出訴したわけである。この点に関しては、法律どおりの手続である。

2　中国の著名法学者七名の意見表明

商船三井船舶差押事件についていては、原告側サイドにたってみた場合、なんとか民法通則に関する司法解釈で時効問題をクリアーできたわけであるが、時効問題はこれで終わらなかった。一九七二年の日中共同声明における対日損害賠償請求権問題に直《じか》に関わる時効問題が待ち構えていた。以下に紹介する論文[*12]は、掲載誌が『中国律師』という、それほど著名な雑誌ではないこともあって、日本の研究者の間では注目されてこなかったものである。同誌二〇〇一年二期に「戦争賠償：七位著名法学家的観点（七名の著名法学者の見解）」という論文が掲載されている。この論文についての同誌編者の紹介の文には、

わが国の七名の著名な法学者が、日本の弁護士の求めに応じて、日本の中国侵略戦争中に慰安婦とされた中国市民李秀梅および日本に連行され、強制労働に従事させられた劉連仁が日本国に請求した損害賠償案の問題について研究を行い、一九九七年、一致した書面意見を作成した。[*13]

と記されている。ここに名を連ねた七名の法学者とは、謝懐栻、江平、王家福、魏振瀛《ぎしんえい》、梁慧星、王利明、崔建遠である。筆頭の謝懐栻は、人物識見とも中国の第一級の学者であり、この謝を含む七名は中国を代表する法学者である。しかし、こうした著名学者の連名での意見表明が、もっぱら純粋な学術的関心からなされたものとは考えにくい。その意見

内容は、一九七二年の日中共同声明にある「中華人民共和国政府は、中日両国国民の友好のために、日本国に対する戦争賠償の請求を放棄することを宣言する」との賠償請求権放棄の条項の理解に関わる、高度に政治的な問題だからである。この意見表明は、もちろん七名の学者の強固な信念にもとづくものであろうが、その背景に党中央の意向が強くはたらいていたと考えるべきである。そのことは、以下のような銭其琛《せんきしん》の発言から推測される。

3　銭其琛の重要な発言と時効の起算点

一九九五年三月七日、全人代で、当時国務院副総理兼外交部長であった銭其琛が、「台湾省」代表の質問に答えて、「日本国に対する戦争賠償請求放棄に関する中国政府の声明は、国家間の戦争賠償に限られ、中国国民個人の損害賠償請求権は含まれない」と明言した。それをうけて、その法制面での理論づけが七名の学者に求められたと思われる。その際、とりわけ時効問題をいかにクリアーするかが喫緊の課題であったに違いない。何故なら、民法通則等の規定にもとづき、一九八七年一月一日から二年で時効が成立するというのでは、その後の中国市民の、対日賠償請求問題に対処できないからである。上記の一九九七年の李秀梅および劉連仁の訴えのほか、二〇〇〇年一二月二七日に、熊谷組、住友石炭鉱業、住友金属、鹿島《かじま》建設、日鉄鉱業を相手取って、河北省高級法院に強制連行に起因する不法行為を理由とする損害賠償請求訴訟が起こされるが、それらの訴訟を可能とするためには、どうしても時効の関門をクリアーしておく必要があったに違いない。

七名の学者によって表明された意見によれば、対日請求権の時効は、起算点から一〇年を経過すると完成するというものであった。その時効一〇年説の根拠は、中華民国民法に求められた。中国で日本軍による上記の一連の不法行為があったのは、一九三〇年代であり、当時の現行法をなしたのは中華民国民法で、その一九七条に債権の消滅時効は一〇年と定められていることによる。問題となるのは、その起算点をどう確定するかということであるが、同法一二八条によれば「消滅時効は、請求権の行使が可能となったときから起算する」とある。その「請求権が可能となったとき」とは、「客観的に賠償義務者に請求する可能性が存在する」ことが確定したときのことと解されている。このことを李秀梅および劉連仁の案件にひきつけて述べると、「被害者李秀梅、劉連仁等は数十年にわたって、日本国に訴訟を提起できるか否かについて明確にできず、したがって客観的には請求権行使の可能性が存在していなかった。換言すれば、請求権は行使可能な状態にはなかった。……中華人民共和国副総理兼外交部長の銭其琛が……（中日共同声明における対日損害賠償請求権放棄の範囲内には）中国国民個人の損害賠償請求権は含まれないと答えたときに、日本国に対する被害者の請求権行使が可能であることが完全に確定した」[*14]のであり、そのときが時効の起算点をなす。この結論に従えば、一九九五年三月七日から一〇年以内に権利を行使しなければ、時効が完成するということになる。

4　中国の本物の知識人謝懐栻

この意見形成を主導したのは誰であろうか。筆者は、謝懐栻であると考える。彼は、一九四五年一〇月から四六年一一月まで、台湾で裁判官として司法実務に携わっており、当然、中華民国国民法を熟知していた。この謝懐栻という人物については付言すべきことがある。彼は本物の法の支配の信奉者で、政策を以って法に代えることに反対し、違法に人身の自由を制限することを鋭く批判した。そのため、〝反右派闘争〟期の一九五八年三月から〝文化大革命〟が始まったばかりの一九六六年七月までは北京市の清河農場（北京市の飛地で天津市にある）および団河農場にて、また文革期間中の一九六六年の八月から文革が毛沢東の死によって終焉《しゅうえん》を迎え、鄧小平が復活を遂げ改革開放政策に舵を切った直後の一九七九年一月までは、僻遠の地新疆《しんきょう》の農場にて、都合約二〇年の長きにわたって強制労働に耐えながら、持説を決して曲げなかった人物である。[*15] したがって、党の意向をあれこれ右顧左眄《うこさべん》する類いの人物ではない。

そのことは別の側面からも指摘できる。この意見表明で特筆すべきことは、中国共産党によって「偽法統」とされた、国民党政府のもとでの中華民国民法が適用されているということである。中共中央は一九四九年二月、「国民党の六法全書を廃棄し、解放区の司法原則を確定することに関する指示」を出し、これがその後の中国における立法と司法を緊縛し続けた。そのような情況の中で、タブー視されてきた中華民国民法を臆することなく適用できる人物は、七名の学者中、謝をおいてほかにはいない。中華民国民法の源流はドイツ民法であり、そのドイツ民法とドイツ民法の流れをくむ日本民法にも詳しかった謝が、ほかの六名をリードして、日本の「法例」一一条（現行の「法の適用に関する通則法」二二条にほぼ相当）等も引用しながら、表明すべき意見をまとめたものと思われる。党の意向に右顧左眄することのない謝だからこそ、このような意見形成が可能となったといわなければならない。

前述したように（(1)の5）、日本海軍が一九三七年に当時のAが占有していたX_1の船舶を徴用した行為を論ずる箇所で、上海海事法院は、「中華人民共和国海商法」や「中華人民共和国民法通則」を適用している。これは明らかに誤った法の適用である。それらの法は、当然ながら、一九三〇年代には存在せず、あくまでも行為時の法律、すなわち中華民国民法によるべきである。謝は、国家賠償の問題を論ずるなかでのことであるが、日本で国家賠償法が制定されたのは一九四七年、中華人民共和国は一九九四年のことであり、法律不遡及の原則により、一九三〇年代の時期の行為にそれらの法を適用することはできないと、正しく指摘している。[*16] 法の支配信奉者の面目躍如である。それに引き換え、上海海事法院の裁判官たちは、党中央の「国民党の六法全書廃棄」の指示を懸念していたのであろうか、誤った法の適用をなしている。

（3）その後の対日損害賠償請求

改めて、出訴時効の完成時が一九九五年三月七日から一〇年後の二〇〇五年三月七日と確定された後、それを見計らっていたかのように、二〇〇〇年一二月二七日に、日本に連行され、強制労働に従事させられたと主張する一四名の中国市民が、前掲の熊谷組等五社を相手取って損害賠償請求の訴えを河北省高級法院に起こした。時効の点に関しては、出訴の形式的要件を充たしている。しかも、上記の（2）の李秀梅および劉連仁の訴訟が日本国を被告としたのと異なり、私企業が被告となっている。李秀梅や劉連仁が日本国を相手として、中国の裁判所で仮に勝訴判決を得ても、その判決履行を日本国に強制することは実際には不可能である。しかし、この五社を相手とする訴訟では、原告は勝訴判決を得たら、中国法の論理により、「商船三井」案件と同様、損害賠償金を獲得できる可能性はあり得る。ただ、筆者はこの訴訟の顚末《てんまつ》を把握はしていない。

さらにその後、二〇一四年四月二日に、戦時中の日本企業による強制労働をめぐり、三菱マテリアルを相手取って、河北省高級法院に訴訟が起こされたとの新聞記事があり、それによれば、強制連行をめぐり、北京市第一中級法院も同年三月に訴えを受理したとある。[*17]この時期、裁判所が訴えを受理したとのことであるが、時効の問題をどうやってクリアーするのだろうか。戦争犯罪には時効は適用されないとする超法規的理論でも用いない限り、法律論的には無理筋の訴訟である。その後、二〇一六年六月三日の『毎日新聞』社説を目にすることができた。[*18]それによれば、「日本に強制連行され……た中国人元労働者三人と三菱マテリアル（旧三菱鉱業）が和解文書に調印」し、謝罪を表明のうえ「一人当たり約一七〇万円を支払」うことになったとある。韓国では裁判が続けられているところであるが、こと中国での裁判に関する限り、中国側（党や裁判所）は調停か和解によってしかこの問題は法的にはクリアーできないと考えているのではないか、と筆者は推測する。もし判決で決着をはかるとなると、「依法治国」の看板すら下ろさなければならなくなるだろう。

第四章　教室の学生の誰一人として賛成しなかった民事判決

——広東省五月花レストラン人身傷害賠償請求事件

（1）中国民事法の「公平」概念は要注意

対中ビジネスにおいても、損害賠償は重要な法領域の一つをなす。損害賠償請求訴訟の場合、契約違反（日本では通常、債務不履行と称する）か不法行為を理由とする。したがって、契約違反にも、不法行為にも該当しなければ、その請求は棄却されることになる。ところが、以下に紹介するのは、広東省高級法院が上訴審において、被告には違約責任も不法行為責任もないことを認めたうえで、「補償」（ただし『最高人民法院公報』は「賠償」と称す）を命じた事例である。[*1] このような事例を紹介しておくのは、単にビジネス上からだけでなく、法の比較の観点からも、また中国法自体の歴史の観点からも意義のあることだと思うからである。

本章でポイントをなすのは「公平」という概念である。私の手元にある日本の民法学者の教科書の索引には、公平、公平原則、公平責任といった語は見当たらない。しかし、中国法は、それらを契約法や不法行為法で明文化している。中国の公平概念は要注意である。

その典型例をなすのが、筆者が法学部の講義で取り上げた際、日本人学生の誰一人として賛成しなかった広東省高級法院の上訴審判決である。

（2）広東省五月花レストラン人身傷害賠償請求事件の概要と一審判決

1　事件の概要

一九九九年一〇月二四日一八時ごろ、原告の龔念《きょうねん》（以下X_1）・李萍《りへい》（以下X_2）夫妻は八歳の子供（A）を連れて、被告五月花飲食有限公司（以下Y）が経営する五月花レストランに出かけ、レストランの従業員の案内で、個室「福特」の外側にある席に座った。個室「福特」の東・南の壁はレンガ壁で、西・北の壁は板壁で、Aはこの板壁近くに座っていた。一八時三〇分ごろ、個室「福特」の内部で突然爆発が起こり、倒壊した板壁の下敷きになったX_2とAはただちに人事不省に陥り、X_1は負傷の痛みをおして、X_2とAを病院に搬送した。Aは、結局、死亡し、X_2も重症を負い、治療後二級の残疾の認定を受けた。X_1も

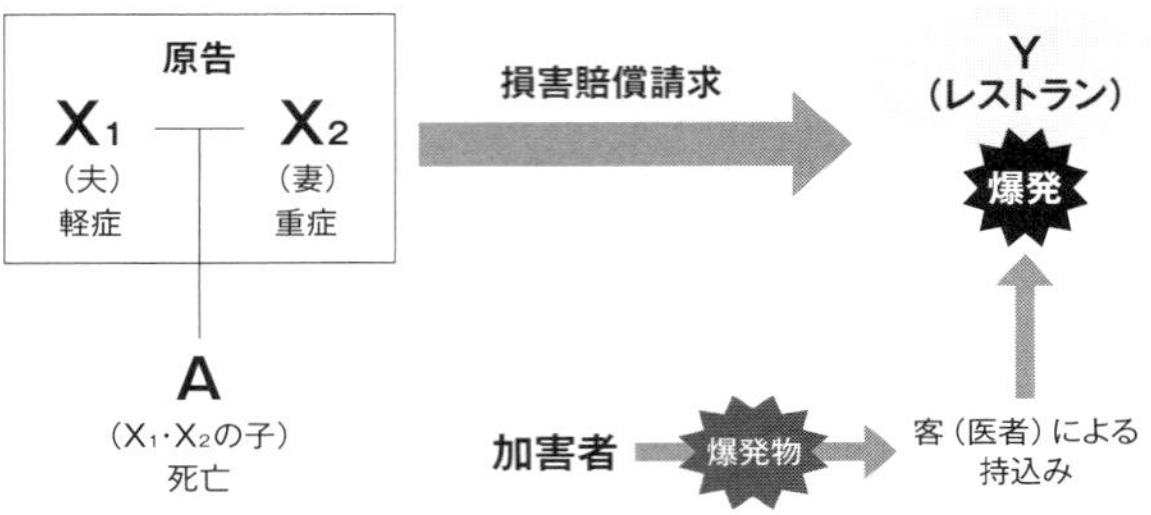

軽傷を負った。

五月花レストランの爆発は、ある客（医者）が加害者からもらって食事の際に飲もうと思ってレストランに持ち込んだ五糧液酒の箱を、従業員が開けたときに生じた。箱に爆発物がしかけられていたのである。爆発物をしかけた加害者はすでに公安機関（警察）によって捕えられた。

この事件で深刻な被害を受けた$X_1$$X_2$は、加害者がいるのに、なんと同じく建物の損壊という被害を受けたYを相手取って損害賠償請求の訴訟を起こした。

2　一審珠海市中級法院の判決

一審法院は、本件に関わる法律は消費者権益保護法と民法通則の不法行為［権利侵害］に関する規定であると判断した。

消費者権益保護法の視点から見ると、YはXに対して自己の

提供した商品に対してのみ品質保証義務を負う。ある客が持ち込んだ商品（五糧液酒）はこの義務の対象には含まれない。このたびの爆発は、Yが提供した商品またはサービスと何の関係もない。顧客のレストランへの酒類の持込みは、本人の希望であると同時に、当地の慣習でもあり、法律、行政法規、業界規定も禁止していない。また、原告は、Yの板壁の強度が基準に合致していないと主張している。しかし、それはX_2の負傷およびAの死亡をもたらした条件であるかもしれないが、その原因ではない。Yには顧客に対する商品の品質保証、人身の保障のいずれにおいても義務違反は認められない。

　次に、不法行為との関連であるが、不法行為を規定していた当時唯一の現行法であった民法通則の規定は、一般不法行為法のほかに、無過失責任と公平責任からなる特殊な不法行為法とを定めている。この特殊な不法行為法が成立するためには、当該行為がその法の定める要件を具《そな》えていなければならない。しかし、Yは特殊な不法行為の要件を具えておらず、したがって一般不法行為法にもとづいて判断しなければならない。そうすると、本件において、Yは尽くすべき注意義務を果たしており、不法行為にあたらない。

　一審は、消費者権益保護法、民法通則の不法行為に関する法のいずれの法によっても、

Xの請求は認められないとの判断を下した。なお、上訴審との比較でいえば、一審は契約法には一切言及していない。

(3) 二審の広東省高級法院の判決とその思想的背景

1 二審判決

二審法院は、判決冒頭で、当時制定されたばかりの統一契約法(一九九九年制定)の一二二条を掲げた。本条(ただしその後、二〇二〇年に制定された民法典では削除)は、ある事件が違約(債務不履行)にも不法行為にも該当するとき、請求者は契約法、不法行為法いずれかの法を選択して適用することを定めたものである。二審は、一審で敗訴したX側が、一方で、Yの契約法上のレストランの安全配慮義務違反、他方で、不法行為法上のレストランの板壁の内装設計基準違反を上訴理由としたのに対応するかたちで、一二二条を持ち出してきたものである。

まず、前者についてであるが、XとYとの間では、Xは代金を払い、Yは食事を提供するという義務をお互いに負う。これは両者の契約上の主たる義務であるが、さらにYには、Xが安全に食事をとれるよう配慮するという義務があり、これを付随義務という。レストラン内での、持込物に起因する爆発が、この安全配慮義務に違反するかどうかが問題となる。この点に関して、二審は、一審と同様であり、Yが客による酒類の持込みを受け入れたのは、当業界の慣行によるし、中国の現在の社会環境からすると、航空機への搭乗のときのような厳格な安全検査措置を経営者に要求する必要も条件もない。Yに対して付随義務の違約責任を問うことはできないとの判断を示した。

また、後者の不法行為責任についてであるが、この板壁の倒壊は犯罪者が作成した爆発物により引き起こされたもので、その責任は当然、犯罪者が負わなければならず、Yの不法行為を認定することはできないとの判断を示した。

以上のように、二審も一審と同様の判断を示し、あまつさえ「一審が、Yは違約も不法行為も構成せず、したがって民事責任を負うことはないと認定したことは正しい」とすら明言した。ところが、この語に続けて、「しかし、(一審は)双方当事者の間の利益が均衡を失しているのを考慮せず、単にX_1X_2は加害者に賠償を主張すべきであることを理由として、X_1X_2の訴訟請求を棄却した。この判決は、民法通則四条の『民事活動は自願（契約自由）、公平、等価有償、誠実信用を遵守しなければならないとの原則』に関する規定に合致せず、妥当性を欠き、正されなければならない」と述べ、一審判決を取り消して、改めてYに対して三〇万元の「補償」を命じた。

筆者は、この判決のさわりの一文を読んだとき、『ヴェニスの商人』の例の肉一ポンド云々《うんぬん》の直前の、判事ポーシアがシャイロックに説いた、「原告の方から慈悲を示すよりほかあるまい」、「その方（＝シャイロック）の請求は正義ではあるが、このことも考えてみてはどうか、つまり、ただ正義、正義の一途で進むのでは、結局誰一人救われるものはいまい」[*2]との台詞《せりふ》を想起した。本件の場合は、「原告」ではなく「被告」を相手とするものであるが、正義（ここでの正義は法に従うということ）も大事だが、もっと大事な慈悲というものがあるではないか、ここは慈悲の心で三〇万元ほど補償してみてはどうか、というわけである。

2　補償を命じた二審の判断の根拠

二審は、原審の、Ｙは違約——実は、違約については言及していないのだが——も不法行為も構成しないとの判断は正しいと評価しつつ、どのような理由にもとづいて原審判決を取り消したのであろうか。その理由は、右判決の傍線部に見いだされる。この傍線部を敷衍したものが、二審の、「当事者の双方がこのたびの事件において被害を受けたのであるが、X_1X_2一家は、Ｙの利益となる食事をするという行為をなしたときに、自己の生存権益に損害を受けた。それに対して、Ｙが受けた損害は主に自己の経営利益であった。両者を比べると、（ａ）X_1X_2が受けた損害はＹに比べて深刻であり、（ｂ）社会各界（Ｙ自身を含む）がこぞってX_1X_2一家の事件遭遇に深い同情を示した」という意見である。Ｘの生存の利益とＹの経営の利益を比べたら、前者の利益のほうがはるかに大であり、したがって、両者の損害を比べたら前者のほうがはるかに深刻である。これが傍線（ａ）の謂《いい》である。また当事者間を離れて、社会各界もＸの被害に大いなる同情を示している。これが傍線（ｂ）の謂である。

二審の裁判官は、このＸとＹの利益の衡量[*3]を法的に根拠づけようとして、民法通則の司法解釈「民法通則を貫徹執行するうえでの若干の問題に関する意見」一五七条の、「当事者が損害の発生に対してともに過失がないが、当事者の一方が相手方の利益のために、あるいは共同の利益のために活動を行う過程で損害を受けた場合、相手方または受益者に一定の経済補償を命ずることができる」という規定を適用した。

しかし、この規定を適用するのは誤りである。本件の場合、XがYのために良かれと思ってなした手助け的行為によって、あるいはYと共同の利益のためになした行為によって損害が発生したわけではない。損害は外部からもたらされたものであり、そもそも加害者が実在している。このようなケースに一五七条を適用することはできない。そうすると、本件でYに対して三〇万元の「補償」を命ずる根拠を提供したのは、結局、前掲民法通則四条の諸原則中の「公平」原則ということになる。自願（契約自由）、等価有償、誠実信用の各原則はあてはまらない。では、何故「補償」という語を使用したのか。法的にはYは違約も不法行為も構成しないので、法的責任としての損害賠償を命ずることはできないからである。しかし、X家族の被害の深刻さと輿論《よろん》の大いなる同情を見たら、ここは慈悲の心を示すべきだろう。その慈悲の心の具体化が三〇万元の補償であり、これこそが「公平な」裁きというものだ。これが二審の判決の決め手である。

3　二審の判決は例外的か

さて、ここで一つ問題が生ずる。以上のような判決は、現代中国法の世界ではきわめて特異な、例外的な事例にとどまるものであろうか。この事例に関して、清華大学教授韓世遠は、

　二審は、輿論と民意に注目し、五月花レストランが補償すれば輿論の批判を引き起こさずにすむが、もしそれをしなければ批判の的となると判断した。もしこのことが裁判を主導した決定力であるとしたら、これはその背後にある文化的特徴を反映するものである。それは〝富を奪いて貧を救う〟という文化的特徴である。[*4]

と述べている。また、これは中国の不法行為法に関する研究会での発言であるが、裁判官の経験のある亓培氷《ちーぺいひょう》は、

公平責任は（中国の各種保険、保障制度が改善されても）、中国社会でなくならないと考える。その理由は、以下の点にある。……中国社会の汎道徳主義は、道徳問題の法律化を招き、道徳問題、風俗慣習問題によって解決される問題を、法律問題へと浸透、転化させ、公平責任に頼る形でそれを実現している。*5

と述べている。これらの発言を見ると、五月花レストラン人身傷害賠償請求判決は、現代中国社会の「文化的特徴」「汎道徳主義」という精神的土壌の所産であり、特異な、例外的な、ましてネガティブな事例として見ないほうがよい。もしこの事件が特異な、例外的・ネガティブな事例であるとすれば、「案例」として最高法院がわざわざ『公報』に掲載するはずがない。参考的・推奨的価値があるからこそ掲載したと考えなければならない。

（4）清代法の世界との類似性

ところで、視野を清代の民事紛争の裁きにまで広げると、五月花レストラン人身傷害賠償請求事件におけるような裁判は、何ら異常でなく、むしろ常態であった。中国法制史学者の滋賀秀三は、清《しん》代の判語（「訴訟案件を扱った地方長官が、何らか裁きを与える意味をもって書き記した文章」[*6]）の分析をふまえて、清代の民事裁判の基本型を「教諭的調停」としてとらえている。教諭的調停とは、地方長官が、一義的にルールにもとづくのではなく、一段高い立場から当事者に対して譲歩・妥協を求めるものであり、その際の判断基準をなしたのが「情理」、とりわけ「情」であった。

この情理においては、「ルール志向性は微弱であり、逆に目前の各当事者それぞれがおかれている具体的情況のすみずみまでへの心配りという側面が濃厚に現われる。それは一つには情理の構成要素である『情』の字の働らきによるということができ[*7]」、この「情は法と理の厳格さを修正・緩和する働らき[*8]」をもった。例えば「借あれば必ず還すは一定せる理[*9]」（借金を返すのは当然の理＝ルール）であるが、「基本的には理のない当事者をも極端にまで追詰めず些少《さしょう》の満足を得させようとし、また富者と貧者の間では前者に或《あ》る程度の寛大さを求めようとする、好んで取られる裁判の手法も、こうした『情』の働らき[*10]」であったと説く。

以上のような滋賀の説明を見ると、清代の「情理」、特に「情」にもとづく裁きと、二一世紀初頭に下された五月花レストラン人身傷害賠償請求事件における上訴審の判決は通底する。

そして、筆者は、前述したように、この後者の判決が現代中国において決して極端に例外的な判決であるとは思わない。そうであるとすると、現代中国法は、依然として法思想の面において、清代法とつながっているということができる。

(5) 中国法の世界は奥が深い

1 対蹠《たいしょ》的な清代法と宋《そう》代法

もう少し、中国の法の歴史の議論にこだわってみたい。滋賀は、清代の法について、右のように情理、とりわけ情の役割を強調しているのであるが、同じ帝政中国の法でありながら、もっと遡った宋代の法を説く段になると、実証主義者らしくかなり慎重にではあるが、清代法との差異に言及している。「南宋の判語集である『名公書判清明集《めいこうしょはんせいめいしゅう》』からは、当時の法典が殆《ほと》んど今日に伝存しないためではあるが、他からは知ることのできない少なからざる分量の重要な民事的法規が拾集し得られるけれども、清代の判語に同様の期待をかけてもそれは空《むな》しい」*11。「両代の判語を併せ見るとき、宋代の方が清代よりも民事的法規の内容が豊富であったという印象を禁じ得ない」*12。「(『名公書判清明集』は) 他の史料からは知ることのできない当時の——特に民事にかかわる——法律条文が引用文または取意文の形で多数含まれており、その運用の実態と併せて見ることができる点において非常に貴重である」*13。

これらの指摘は、宋代は清代に比べて民事紛争解決の判断基準として民事的法規の果した役割が大きかったのではないかとの関心を掻《か》き立てるものである。しかし、その運用の実態については立ち入った考察は結局果たされなかった。

ところが、その後、宋代における民事的法規の運用に関する実証的論文を目にする機会を得た。佐立治人《さだてはるひと》の「『清明集』の「法意」と「人情」」*14がそれである。同論文は、『名公書判清明集』所収の二五〇件前後の民事的裁判を分析し、以下のことを明らかにした。

①民事紛争解決の客観的判断基準としては民事法規があるが、『清明集』の各判語を見ると、「曲直を剖判《ほうはん》するは則《すなわ》ち条法による」、「事すでに官に到《いた》る。ただまさに理法をもって処断すべし」、「官司たる者、すなわちまさに条により理に任せて、これを行うべし」といった類いの文言が目につく。[15]

②また民事紛争の客観的判断基準として契約があるが、これについても例えば「交易はただ契照（契約書）による」、「田地を交争（こもごも争うこと）するは、官、契書による」、「交易争いあれば、官司定奪（決定）するはただ契約によるのみ」、「田地を予奪（与え奪う）するの訟は、よる所契照にあり」[16]といった類いの文言がこれまた目につく。

③これらの文言が頻繁に登場するということからして、「『清明集』から読み取ることのできる南宋の民事的裁判の世界では、事態は（清代の民事的裁判と）全く逆である。というのは、当時の裁判官は、法律に依拠して裁定しなければ当事者の納得が得られない、という意識を持っていた」[17]。

④同様に、契約に関しても、「民事的裁判の場では、契約を根拠として、当事者の主張の是非を二者択一的に判定すべきである、という信念を裁判官が抱いていた[*18]」。

⑤確かに『清明集』においても、人情に言及している事例がないわけではなく、三十数例存する。しかし、その中で「『人情』に拠って法律を曲げているのは……七例に過ぎない」。「二百五十件前後収載されているうちの……七例しか存在しないとすれば、『清明集』から読み取ることができる民事的裁判の世界では、判断基準としての『人情』の役割は決して大きくはなかった[*19]」。

2　清代法と宋代法の差異をもたらした思想的要因

以上のような佐立の分析をふまえるならば、宋代法と清代法とでは、法・理・情三者につき異なる関係が見いだされるように思われる。すなわち清代法では法・理に情が優位する関係であるのに、宋代法では法・理が情に優位するということである。このことから、では、宋代法の世界から清代法の世界への転換を促した要因は一体何なのかという疑問が生じてくる。

ここ数年、筆者は頭の片隅でこの疑問にこだわってきたのであるが、たまたま別用で、日本政治思想史を専門とする渡辺浩の論文「儒学史の異同の一解釈――『朱子学』以降の中国と日本」[*20]を読むことでその疑問が氷解した。同論文は、思想の担い手とその社会的存在形態に着目して、「ペダントクラシー」（pedantocracy＝学者支配、J・S・ミルの造語で、中国の士大夫官僚を指す）という概念を基軸にして、日本近世の儒学との比較を睨《にら》みつつ、宋代に確固たる支配的地位を占めた朱子学から、その対抗の学としての明《みん》代の陽明学、清代の考証学への展開をたどった論稿である。

明代の陽明学が、形骸化しつつあった体制教学に対する規範主義的道徳再興運動へと向かったのと異なり、清代では、朱子学の「形骸化自体の克服には向かわ」ず、その漠然たる不満は、「『道学』の規範主義的思考への疑念にも進んでいったらしい」[*21]として、その典型を、清代の高官にして、乾隆帝《けんりゅうてい》のお気に入り、学界の大御所、紀昀《きいん》の見解に求める。すなわち「『理』を盾にした倫理性は実際には残酷にもなる、倫理的に、また知的に『理』では割り切れない問題は多い、疑わしきは闕《か》くべきである、何より『人情』を知ることが重要である、『天下の事は情理のみ』だが、『情』と『理』は時に矛盾する、『情理の平』

を得ることが肝要である」[22]、これが紀昀の見解であったと説く。
また、同様の見解の保持者として「清代の代表的な考証学者にして特異な思想家」戴震《たいしん》の、「理なるものは、情を之れ爽失せざる也。未だ情を得ずして理を得るものはあら」ず（理というのは、情を失わぬことである。情が具足していないのに、理は具足しているというようなことはない）、「苟《いや》しくも情を舍《す》てて理を求むれば、其《そ》のいわゆる理は意見に非《あら》ざるは無」い（そのいわゆる理はみな臆見である）という言をあわせて紹介する。[23]
そして、この紀昀や戴震の見解を紹介する文脈において、渡辺は、「理と情は対立する理念でありながら同時に結びあい補いあって『情理』すなわち中国的良識を形成する。そしてこれこそが最も遍在的な裁判基準であったと言うことができる。なかんずく人情こそはすべてに冠たるおきてであったとさえ見られるふしがある」との滋賀秀三の言を引き合いに出す。[24] まことに切れ味鋭い中国思想史＝法史論である。
理と法が情に優位した宋代法、逆に情が理と法に優位した清代法、そして清代法ほどには情が理と法に優位するわけではないけれど、執拗《しつよう》に情の要素が持続している現代中国法と、中国法の世界は奥が深い。

【公法編】

第五章　二つの憲法

――沈涯夫・牟春霖誹謗事件

（1）分析の視角

近代社会における法の支配とは、市民の権利・自由を最大限保障するために公権力の行使を統制することである。この法の支配の原理を体現した憲法が立憲主義憲法である。中国憲法はこの法の支配の原理を体現し得ているだろうか。本章では、具体的な裁判例をもとにしてこの問題を検討してみたい。

本章で取り上げる沈《しん》（瀋の簡体字）涯夫・牟《ぼう》春霖誹謗《ひぼう》事件というのは、何の変哲もない、ごくありふれた刑事事件である。ただ、誹謗罪で起訴された被告が『民主と法制』という雑誌の記者であるということで、表現の自由に対して中国憲法がどのようなスタンスをとるのかを検証するうえでは興味ある事例をなす。

ところで、誤解しないでほしいが、中国にも表現の自由を保障する規定は存在する。憲法三五条の「中華人民共和国市民は言論、出版、集会、結社、デモ行進、示威活動の自由を有する」という規定がそれである。この規定は、立憲主義憲法を標榜《ひょうぼう》する日本国憲法二一条の「集会、結社及び言論、出版その他一切の表現の自由は、これを保障する」との文言とほぼ同じである。

さて、中国憲法と立憲主義憲法との比較ということであるが、この両者の差異に着目した論文として興味深いのが、イエール大学ロースクール教授O・フィスの「二つの憲法」[*1]である。この論文は中国の武漢大学および北京大学での講演をもとにして、二つの憲法、すなわちアメリカ合衆国憲法と中国憲法が類型をまったく異にする憲法であることを、言論の自由に即して論じたものである。憲法の規制の矛先が国家権力なのか、それとも市民なのかによって二つの憲法は対蹠的である。アメリカ合衆国憲法の言論の自由は、国家や州政府等の公権力の行使にその矛先が向かうのに対して、中国の言論の自由の矛先は公権力には向かわない。中国の言論の自由は、憲法以下一連の法律、法規等を根拠とする公権力による言論活動の規制の範囲外においてのみ認められる残滓《ざんし》(residue)に過ぎない。これが彼の二つの憲法論の骨子である。そして、このような合衆国憲法が果たしている役割の事例としてフィスが援用するのが、ブランデンバーグ事件(Brandenburg v. Ohio)である。

(2) ブランデンバーグ事件と連邦最高裁判決

1 事件の概要

悪名高い人種差別主義組織クー・クラックス・クラン(Ku Klux Klan)のオハイオ州での指導者の一人であるブランデンバーグら一二人が、シンシナティーのテレビ局のアナウンサー兼レポーターに電話して、ハミルトン郡の、とある農場で開催されるクー・クラックス・クランの行進の取材に来るよう呼びかけた。そこで、同局のレポーターとカメラマンがやってきて、その集会と行進を映像におさめた。その映像の中には、「我々は復讐心《ふくしゅうしん》に燃えた組織ではないが、もし大統領や議会、最高裁の長が白色人種を抑圧し続けるなら、報復措置をとるであろう」といった発言が収録され、その後に収録されたフィルムでは、「報復」の言が削除され、それに替えて「黒人はアフリカに、ユダヤ人はイスラエルに帰れ」といった発言、あるいはその他黒人やユダヤ人の品位を汚す発言の場面が収録されていた。

この行動に対して、オハイオ州当局は、オハイオ州のサンディカリズム犯罪取締法（the Ohio Criminal Syndicalism statute）にもとづいてブランデンバーグらを訴追し、同州の一審裁判所は有罪判決を下し、一〇〇〇ドルの罰金と一年から一〇年の禁固刑に処した。その判決理由は、（i）当該行為が同法による処罰の要件とする「労働改革、政治改革を遂行する手段としての犯罪、怠業、暴力あるいは違法なテロリズム手段を唱道する」行為に該当する、（ii）「サンディカリズム犯罪の理論を提唱するために仲間と集会をもつ」行為に該当するというものであった。この一審判決はそのまま二審および州の最高裁判所でも維持された。

2 連邦最高裁判決

そこで、ブランデンバーグらは、合衆国憲法修正一条（「連邦議会は……言論および出版の自由を制限する……法律を制定してはならない」）、および同一四条（「何州といえども、正当な法の手続によらないで、何人からも生命、自由、財産を奪ってはならない」）を盾にとって、連邦最高裁に上訴した。盗人猛々《ぬすっとたけだけ》しいとはこのことを言うのであろう。ところが、なんと、連邦最高裁は、このクー・クラックス・クランの言い分を認め、一九六九年、オハイオ州法は合衆国憲法修正一条および同一四条に反し、無効であるとの判決を下した。その理由は、「言論と出版の自由は、暴力の行使または違法行為の提唱を、以下のような場合、すなわちそのような唱道が、差し迫った非合法な行為をせん動すること、もしくは生ぜしめること、に向けられており、かつ、そのような行為をせん動し、もしくは生ぜしめる蓋然性のある場合を除き、州が禁止することを認めるものでない」[*2]というものであった[*3]（傍線部は芦部信喜《あしべのぶよし》訳）。つまり、具体的かつ限定的に規定されていない条文による表現活動の規制は違憲無効となるという判断である。

このブランデンバーグ判決を引き合いに出しながら、フィスは、「アメリカにおける言論の自由は、制定法、行政行為または司法行為に制限を課す。言論の自由が法律に切り込んでいく（cut into）のである」[*4]と述べている。そして、返す刀で、中国の憲法について、「中国においては、（一九七五年、一九七八年のいわゆる文革憲法と異なり、一九五四年憲法への回帰を示すと言われた）現行憲法（一九八二年憲法）のもとですら、言論の自由は残滓

(residue)に過ぎない。それは、制定法その他の形式の法の規制の対象の外側において存する」[*5]に過ぎないと断ずる。立法権に切り込んでいくどころでない。それでは、中国憲法はまったくの無用の長物かというと、実はそうではなく、別の意味で重要な役割を果たしている。それが以下の問題である。

(3) 沈涯夫・牟春霖誹謗案[*6]

中国憲法がどのような重要な役割を果たしているのか。このことを、沈涯夫・牟春霖誹謗案に即して見てみよう。

1 事件の概要と上海市基層法院の一審判決

被告人の沈涯夫(以下甲)と牟春霖(以下乙)は、共同で「二〇年〝瘋女《ふうじょ》の謎〟(精神錯乱の女の謎)」(以下「謎」と表記)という題名の記事を書き、それを一九八三年一期の『民主と法制』誌に掲載した。この「謎」の一文は、「調査経過を読者に知らせる」という口ぶ

りで、

杜融（以下丙、文中では本名を避け、屠勇と表記）は武漢市から上海市に移りたいと思い、暴力的手段で妻の狄振智（以下丁、文中では田珍珠）に精神病患者のふりをさせ、一九六一年二月と同年三月の二度にわたって精神病院に送り込んだ。しかし、上海市に移ったあとそのことがばれそうになって、一九七三年三月に三度目の病院送りを強行し、丁の精神病患者としての生活は二〇年に及んでいる。「謎」の女性をそうした境遇から救い出し、丙のようなあくどい人物をのうのうと法の網から逃れさせてはならない。

と書かれていた。

この「謎」の記事が公表されるや、この記事を鵜呑《うの》みにした全国各地の読者から、丙を断固処罰せよとの投書が続々と『民主と法制』社に寄せられた。その後、甲と乙は、また「『精神錯乱の女』の謎の懸念」という別の記事を書き、先の一文とあわせて遼寧省《りようねい》の

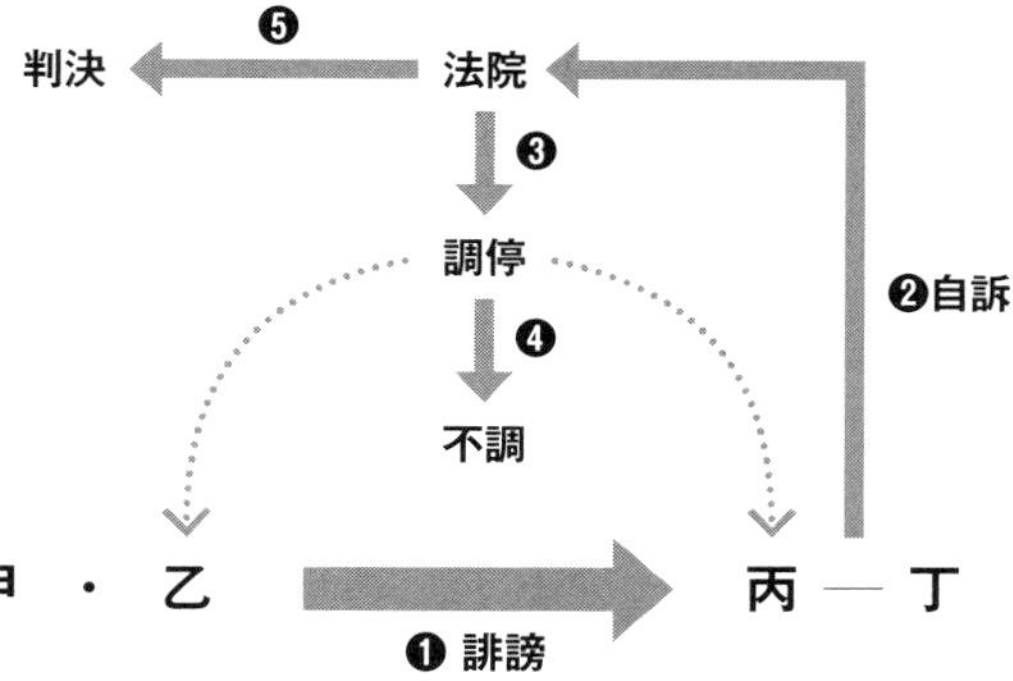

『婦女』という雑誌の一九八三年一二期に掲載し、丙に対して誹謗中傷を加え、その人格と名誉を著しく傷つけた。このため、丙は正常に仕事を行うことができず、丙の娘にも非難が及び、経済的にも損害を被ったとして裁判所に訴えを提起した。

裁判所で調査したところ、丁が精神的疾患を病んでいることは事実で、丙は通常の転勤で上海に移ってきたのであって、丙の生活態度は真面目で、私生活上何の問題もなかったことが判明した。審理の過程で、甲乙の弁護人は調停を求めたので、数度にわたって甲乙の弁護人と自訴人（中国刑事訴訟法では、検察による公訴とは別に、被害者本人、代理人等が直接裁判所に訴えを提起する道が認められており、誹謗罪も自訴案件をなす。自訴案件の場合は刑事事件でも調停を求めることができる）の丙は調停協議を行ったが、不調に終わり、そこで裁判所は法廷を開き、以下のような判決を下した。

被告人甲乙は丁に精神的疾患がある事実を無視している。甲乙の行為は、丁に精神的疾患があるかどうかの判断については、必ず法医学鑑定によらなければならないとの規定に違反している。医者、職場の同僚、丙丁の地域の大衆、甲乙の属する組織［単位］、上級指導機関の忠告を受け入れようとせず、自訴人である丙の人格と名誉を傷つける虚構の事実を故意に捏造《ねつぞう》し、まき散らした。その手段は悪質で、情状は重大、その及ぼした影響はきわめて深刻で、その行為は刑法一四五条（現行刑法二四六条）一項の規定する誹謗罪を構成する。被告人の犯罪行為は被害者に一定の経済的損害を与えたので、刑法三一条（現行刑法三六条。「犯罪行為によって被害者に経済損失を与えたときは、犯罪分子に対して法により刑事処分を科すほかに、情況にもとづき経済損失賠償の判決を下さなければならない」）の規定により、事情を斟酌して被害者の損害を賠償すべきである。

以上をふまえて以下のとおり判決する。被告人甲は誹謗罪を犯したので、政治的権利剝奪（犯罪者が国家の管理活動や政治活動に参加する権利を剝奪する付加刑。本案の場合付加刑のみ科される）一年六カ月に処す。被告人乙は誹謗罪を犯したので、政治的権利剝奪一年に処す。あわせて、付帯民事訴訟（上記刑法三一条のこと）として、それぞれ原告丙の経済的損害の賠償を命ずる。

この一審判決後、被告は、記事の内容は事実であることと、記者の合法的権益の保護を求めて上海市中級法院に上訴した。

2　立憲主義憲法からみるとまことに異様な上海市中級法院二審判決

二審の判決は二つの段落からなる。

・第一段落

上海市の病院のカルテによれば、丁は一九六一年二月から一九七四年八月まで都合五〇回余にわたり健診を受け、入院治療も三回あり、丁に精神疾患があることを明確に診断している。一審での審理期間中に、上海市精神疾患司法医学鑑定小組は九名の医師を組織し、詳細に丁の入院中の病状経過を審査し、丁に偏執性の精神疾患があるとの診断書を作成している。『謎』の、丙が無理やり丁を精神疾患にみせかけたとの記事は事実に反する。

・第二段落

甲乙は記者の合法的権益の保護の要求を掲げて上訴したのであるが、わが国の憲法は、国家は市民の言論、出版の自由と権利を保護することを明確に定めている。しかし、記者もすべての市民と同様、憲法と法律の規定する権利を行使するときは、憲法と法律の義務、すなわち「国家、社会、集団の利益と、その他の市民の合法的自由と権利を害《そこな》ってはならない」。

以上が本裁判の概要である。そこで考えてみなければならないのは、一見何の変哲もないこの誹謗罪案件が、何故わざわざ『最高人民法院公報』に「案例」として掲載されたのかということである。何らかの参考的価値があると判断されたからこそ掲載されたはずである。

そのヒントとなるのは、一審判決にはなかったある部分の意見が二審で追加されていることである。その部分とは上記二審判決文の第二段落の部分である。この部分は、本件について刑法のみならず憲法をも適用した部分であり、その中の「国家、社会……害ってはならない」の部分は憲法五一条の文言である。つまり、二審でも刑法一四五条を適用したのであるが、その適用の正当性をさらに憲法によって根拠づけているということ、このことが最高人民法院研究室の目にとまり、参考的価値が高いと判断され、全国の裁判所への周知を目的として、『公報』に掲載されたのであろう。

しかし、立憲主義憲法のもとでは、憲法はこのような使われ方を決してしない。市民の自由と権利の制限に憲法が加担することは、憲法の自殺行為である。ところが、中国の憲法学者は、このような憲法適用の手法を高く評価する。「二審法院は、実際にわが国憲法の言論の自由と人格の尊厳や権利は濫用してはならないとの規定を引用して刑法上の誹謗概念を理解し、……誹謗罪を構成することを説明した」が、こうした「合憲解釈（憲法の趣旨に適うように解釈すること）は当面わが国での憲法の司法化の最良の道である」[*7]といった議論などはその一例である。

（4）市民の表現活動に〝切り込んでいく〟中国憲法

1　表現活動に対する一連の規制立法

中国の一九八二年憲法が三五条で、言論・出版・集会・結社・デモ行進・示威活動の自由と権利を定めていることは前述した。しかし、これらの諸々《もろもろ》の自由と権利の行使は一連の法律（法律の制定主体は全人代や同常務委員会）や行政法規（制定主体は国務院）、さらには公安部等行政各部の部門規則〔部門規章〕によって広範に規制されている。

上記沈崖夫案の判決が下された一九八八年前後の時期の表現活動規制の関連諸法規を思いつくままに列挙すると、刑法典の領域では、①刑法一〇五条の国家政権・社会主義制度転覆扇動罪、②同一一一条および三九八条の国家機密漏洩罪《ろうえいざい》（前者は反革命罪の系譜をひく国家安全危害罪の範疇《はんちゅう》の、後者は一般的通常犯罪の範疇の犯罪）、③同二四六条の「公然侮辱・

誹謗罪（沈涯夫案当時は一四五条）、④同三六三条の猥褻《わいせつ》書画制作販売罪等の規定があり、その他、単行法としては例えば、⑤一九八九年一〇月三一日の「集会・デモ行進・示威法」の一条、四条、一二条、一三条等の諸規定があり、行政法規類では、例えば、⑥一九八七年の「不法出版活動に厳しく打撃を与えることに関する国務院通知」の「国家の許可を受けた出版組織以外、いかなる組織、個人といえども図書、定期刊行物、および音像出版物を公開で出版してはならない」という規定、⑦一九八七年の投機不正取引行政処罰暫定条例三条の「不法出版物を印刷、販売、伝播《でんぱ》し、不法利潤を得た者」の処罰規定等が挙げられる。

2　規制立法を根拠づける中国憲法

これらの諸規定に関して注意を要するのは、以下の点である。

その一は、上記⑥や⑦に言う「不法出版物」の不法とは、その内容が不法であるという意味ではないということである。「いまだ国家の許可を得ていない」組織や個人が印刷、発行するところの図書、定期刊行物、録音・録画製品（「投機不正取引処罰暫定処罰条例施行細則」一九九〇年）だから不法なのである。出版の内容を云々する以前に、行政機関の許可を得ていないこと自体を違法とするようなことは、立憲主義憲法では絶対に認められない。

注目すべきその二は、⑤の規定である。⑤の一条では「市民が法により集会・デモ行進・示威の権利を行使するのを保障する……ために憲法にもとづき、本法を制定する」ということが規定されている。こうした規定の仕方は立憲主義憲法のもとではあり得ない。何故なら集会等の権利は立憲主義憲法のもとでは市民の当然の権利＝自然権として構成され、憲法と法律によって賦与されてはじめて生ずる類いの権利ではないからである。

もう一つ⑤で注意すべきなのが、同四条および一二条である。四条は、「市民が集会・デモ行進・示威の権利を行使するときは、必ず憲法と法律を遵守しなければならず、憲法の定める基本原則に反対し、国家・社会・集団の利益を……害ってはならない」と規定し、一二条も「（主管機関は）申請されている集会……が以下に掲げる事項に該当するときは、許可しない。（一）憲法の定める基本原則に反対するものである場合（下略）」と規定している。「国家・社会・集団の利益を……害ってはならない」という憲法五一条の文言をそのまま法律の条文に盛り込むことによって、法律による規制を憲法でさらに根拠づけるという、立憲主義憲法には見られない中国法の特異な規定の仕方が鮮明に示されている。この、法律や行政法規、公安部等各部の規則等、ありとあらゆる法令を駆使しての取締りを、憲法によって根拠づけるという二重の規制構造は、「集会・デモ行進・示威」行為だけのものではなく、言論、出版活動、さらには広く憲法の掲げる「市民の基本的権利」一般に及ぶのである。

(5) 党政分離と党政不分の相克

1 「国家・社会・集団の利益」の実体

市民の基本的権利は憲法五一条の「国家・社会・集団の利益」により規制されるというとき、その「利益」の実体は一体何かという問題に突き当たる。この問題を解き明かす鍵が上記⑤の四条の「憲法の定める基本原則に反対し、国家・社会・集団の利益を……害ってはならない」という文言の中にある。この「基本原則」と「国家・社会・集団の利益」

との対応関係に示されているように、五一条の「利益」の実体をなすのは、「基本原則」の維持ということである。では、この「基本原則」なるものは憲法の一体どこに記されているのか。それは憲法の本文ではなく、序言の中に書き込まれている。「中国人民は引き続き中国共産党の指導［領導］の下、マルクス・レーニン主義・毛沢東思想の指導「指引」の下で、人民民主独裁を堅持し、社会主義の道を堅持する」という文言がそれである。この四つの基本原則の維持こそが、憲法五一条の「国家・社会・集団……の利益」の実体をなしている。

2 「四つの基本原則」の由来

一九八二年憲法は、その後、修正のたびごとに、「鄧小平理論」、江沢民《こうたくみん》の「三つの代表」、胡錦濤の「科学的発展観」、習近平の「新時代の中国的特色を有する社会主義思想」を書き加え、その結果、八二年憲法制定当初の四つの基本原則にひび割れが生じることとなった。とりわけ改革開放政策を主導し、計画経済から市場経済への転換を強力に推進した鄧小平理論と、マルクス・レーニン主義・毛沢東思想、および社会主義との整合性をはかることは困難である。また、人民民主独裁といっても、具体的には全国人民の意思は全人代によって代行されるとの擬制をとるわけで、全人代が真の意味での至高の政治権力機関であるとは誰も思っていない。要するに四つの基本原則の要をなすのは「党の指導」ということである。国家、社会、集団の利益を害う行為とは、党の指導に反する行為ということになる。

ただ、この四つの基本原則については、一九八二年憲法制定当初から「最も重要なものは、社会主義の道と党の指導の二つである」[*8]と率直に語られていたのであり、その後、「社会主義の道」のほうは、九〇年代の市場経済の本格的展開を受けて、イデオロギー面は別として、経済制度としては資本主義の道に転換したので、「最も重要なものは」「党の指導」をおいてほかかない。

ひるがえって考えると、四つの基本原則の要をなすのが党の指導であるということは、初めから分かり切ったことであった。何故なら、この原則は、そもそも憲法に由来するものではないからである。これは党の決定のコピーに過ぎない。四つの基本原則論が登場してくる当時の中国の政治的文脈は、党の支配の危機ということであった。「一九七七年七月鄧小平の復活以後、文化大革命批判と……共産党の指導に関する信念が動揺し、民主化運動の動きが次第に活発化して、共産党の一党支配体制に挑戦する形勢となった。七九年三月の中央理論工作会議で、鄧小平は改めて……〝四つの基本原則〟として提起し、その堅持を主張した」[*9]。このような政治的文脈の中で、憲法序言に四つの基本原則がコピーされたのである。

3　党政分離か党政不分か――党と国家の関係をめぐる二つの方向

そこで、次に生ずるのは、この四つの基本原則、その実体をなす党の指導という原則が、何故憲法の本文に正規の条文として規定されるのでなく、序言の中に書き込まれたのかという疑問である。一九七五年および一九七八年憲法は、憲法本文の第二条で「中国共産党は全国人民の指導核心である。労働者階級は自己の先鋒隊《せんぽうたい》である中国共産党を通じて国家に対する指導を実現する」と、党の指導を臆面もなく堂々と明記している。ところが、一九八二年憲法では、一九五四年憲法と同様、党の指導の文言は条文にはなく、序言に閉じ込められている。

何故、そのような変更がなされたのであろうか。そこには、やはり、国家機関による立法、司法、行政等の権能と党の指導の関係をめぐって、党内部でのせめぎあいが存在したのである。そして、具体的な国家業務への党の介入を極力排除する方向での党政分離がはかられる流れも確実に存在した。その典型例が一九七九年の「刑法・刑事訴訟法の確実な実施を断固保障するための中共中央の指示」(いわゆる六四号文件)である(この「指示」の詳細については本書第八章を参照)。この指示により、一九五七年の「反右派闘争」(法の下の平等や法の支配といった西洋市民社会の思想を排除する政治キャンペーン)以後慣習化していた、裁判に対する党の側からの審査・承認の制度が一度は廃止されることになった。しかし、この重要な「指示」は貫徹されず、逆に重大・難解な案件は党委員会が積極的に介入すべきとの議論が八〇年代に入ると強まっていった。

こうした党内部のいわゆる党政分離論と党政不分論のせめぎあいに終止符を打ち、党の指導が前面に出てくる契機をなしたのが一九八九年六月四日の第二次天安門事件であった。同年一〇月三一日に出された前掲の「集会・デモ行進・示威法」の正規の法律条文の中に、四つの基本原則、その要をなす党の指導が明記されたことはまことに象徴的である。党の指導は、もちろん、集会、デモ行進、示威活動に止《とど》まらないのであって、憲法三五条の掲げる言論、出版、結社等、一切の精神的自由の領域にも及ぶ。近年、いわゆる人権派弁護士や学者に対する弾圧が激しさを増しているが、そうした弾圧も、法を無視してなされているのではない。「国家・社会・集団の利益」=「党の指導」に反する行為として、憲法を根拠にして〝適法的に〟弾圧を加えているのである。目下、中国憲法は、党政不分を志向する毛沢東主義者習近平のもとで、市民の自由に向かって容赦なく「切り込んで」いる。

第六章　拷問による自白の強要

——殺されたはずの妻が舞い戻ってきた佘祥林事件と、
憐れ刑場の露と消えた劉涌事件

(1) 拷問の禁止と中国法

憲法学者芦部信喜は、「被疑者または被告人から自白を得る手段として諸外国で行われた拷問は、日本でも明治憲法時代、法律上禁止されていたにもかかわらず、実際にはしばしば行われたので、憲法でとくに『絶対に』禁ずることにしたのである」[*1]と述べている。芦部が指摘するとおり、明治四〇年制定の現行刑法は、特別公務員暴行陵虐罪を規定している。しかし、いくら規定を設けても、小林多喜二《たきじ》の獄死のような惨《むご》い事件がしばしば生じたのであり、このような非道な行為に対する反省のうえに、日本国憲法三六条は、基本的人権保障の諸条項の中でも特に拷問の禁止についてだけ「絶対に」という文言を付したのである(「公務員による拷問及び残虐な刑罰は、絶対にこれを禁ずる」)。

中国刑法も、日本と同様、捜査員等による拷問に対しては、一九七九年刑法以来、実効性は別として、刑事罰を定めている。しかし、中国のどの憲法にも、日本国憲法のような拷問を「絶対に禁ずる」といった文言はない。それどころか、拷問の禁止を定めた条項自体が憲法に存在しない。

ところで、拷問のような非道な行為を禁止するためには、刑法で処罰規定を設けるだけでは不十分である。より重要なことは、刑事訴訟法で、拷問による自白の証拠能力を否定することである。この点に関して、一九七九年、一九九六年の新旧両刑事訴訟法とも「拷問による自白の強要……を厳禁する」と規定していたものの、その自白の証拠能力を否定する規定は存在しなかった。学説上も、筆者が目を通した限りでは、旧刑事訴訟法施行時代は、拷問によって得た自白であっても、その内容が真実であれば証拠として採用できるとの説のほうが有力であった。

その後、一九九八年になってようやく、刑事訴訟法の拷問厳禁の規定に関する最高法院の司法解釈「刑事訴訟法を執行するうえでの若干の問題に関する解釈」六一条で、拷問による自白の強要等で得た被告人の供述を判決［定案］の根拠としてはならないことが規定された（司法解釈の詳細については、本書第八章を参照）。そうした動向の中で、以下のような奇怪な事件が発生した。

（2）佘祥林《しやしようりん》事件*2

1　事件の概要

一九九四年一月二〇日、佘祥林の妻の張在玉が突然失踪した。双方の親族が四方八方探し回ったが、ついに見つけだすことができなかった。張家の側の親族は、張在玉が精神疾患を患っていて、佘祥林に殺されたのではないかと疑った。何故なら、当時、佘祥林と某女性とのいかがわしい関係の噂《うわさ》がさかんに取り沙汰されていたからである。その後、同年四月一一日に、近隣の村の貯水池付近でまったく見分けのつかない女性の死体が発見された。張在玉の親族は、死者と張在玉の身体的特徴が符合するとして、公安機関に佘祥林を告訴した。

そこで、公安機関は捜査を開始し、同年四月二二日、佘祥林を殺人罪の嫌疑でまず刑事拘留（原則一〇日、重大複雑案件であれば一四日以内の捜査のための身柄拘束）し、四月二八日に、勾留（原語は［逮捕］であるが、日本の勾留に相当。規定上は捜査段階で最長五カ月拘束できる）した。その後、地区級（裁判所の中級に相当）検察院が起訴し、以下のような裁判経緯をたどった。

①一九九四年一〇月一三日、原荊州《けいしゅう》市中級法院は、佘祥林に執行延期のつかない死刑（中国の死刑には必ず執行される死刑と、二年の執行延期がつき、その間に故意犯罪を行わない限り無期もしくは有期懲役刑に減刑される死刑の二種類がある）の判決を下し、佘祥林は湖北省高級法院に上訴した。

②高級法院は、証拠不十分を理由として、原審の荊州市中級法院に差し戻し、改めて原荊門市検察院は補充捜査を行うことになったが、一九九五年五月一五日、原荊門市検察院は、本件を京山《きょうざん》県検察院に移送し、起訴させた。県検察院に移送したのは、本件を死刑案件としては扱わないと判断したことによるのであろう。有期懲役以下の科刑の管轄権は県級検察院にある（刑事訴訟法二〇条）。以上のことを実際に主導したのは党荊門市および京山県政法委員会である（後述一五九頁）。

③一九九八年六月、京山県基層法院は殺人罪を認定し、懲役一五年および政治的権利剝奪（犯罪者が国家の管理活動や政治活動に参加する権利を剝奪する付加刑）五年の判決を下した。佘祥林はこの判決を不服として再度上訴した。

④荊門市中級法院は九月二二日、上訴を棄却し、佘祥林は服役を余儀なくされた。

2 村に戻ってきた死者

ところがなんと、二〇〇五年三月二八日、佘祥林に殺されたはずの張在玉がふらりと村に戻ってきたのである。驚いたのは荊門市中級法院である。早速、翌日に審判委員会（審判委員会については第七章（2）の3を参照）を開き、上記③の基層法院の判決と当中級法院の①、④の判決を取り消すこと、およびこの案件を京山県基層法院に差し戻して「発回」改めて審理する「重審」ことを決定したのである。慌てふためく裁判所の動揺の様子が目に浮かぶ。

京山県基層法院は、中級法院からの差戻しの裁定を受けて、四月一三日、佘祥林の殺人罪の差戻審「重審」を開くことになった。その前日、拷問による身体各部の傷跡を示す佘祥林の写真と、一〇日間昼夜を問わず殴られ続け、意識朦朧《もうろう》とする中で書類に署名押印させられたとの彼の発言が、人民網（人民日報社のネット情報交流プラットフォーム）でも紹介され、全国から二〇〇名以上の報道関係者が裁判所に押しかけ、そのうち一五名だけが傍聴を許された。

しかし、審理を行うといっても、佘祥林の無罪は歴然としているのだから、審理のしようがない。検察側は「本案件はすでに事実に変化が生じており、公訴人は陳述をせず、審理を終了する」と述べ、逃げをはかるばかりであった。

それに対して、弁護士側も、嫌みの一言も述べたかったのであろう。一人の弁護士が、本件審理を担当している裁判所の忌避を要求したのである。通常は、忌避とは、審理を担当している裁判官が不公正な裁判を行う可能性があるとき、当該裁判官に職務執行させないよう申請することであるが、本件の場合は、当該裁判所自体の忌避を申し立てたのである。それはまことにもっともな要求ではあった。というのも、この審理を担当している京山県基層法院の副院長は、以前、佘の殺人容疑捜査班の責任者［専案組組長］で、京山県公安局副局長であったからである。裁判長は、被告の佘祥林本人は裁判管轄の異議を提起していないのだからと述べて、弁護士の請求を却下した。

また、何も主張しない公訴方は職責を果たしていないではないかとの弁護士の嫌みに対しては、裁判長は、検察員には「被告人の無罪の証拠も提示することができる」のだからと述べ、それを受けて公訴方が、「すでに存在する、真実を証明する証拠にもとづき、佘祥林の殺人は成立しない。どうか法にもとづく判決を求める」と述べ、ほうほうの体で佘祥林無罪の判決を下し、審理を終えた。

3　地方党政法委員会も関与

この事件の論点については、次の劉涌《りゅうよう》事件の紹介の後の（4）以下で、まとめて述べることにし、以下の二点だけ指摘しておきたい。

その一は、法制日報の上記2の傍線部分の［重審］という用語についてである。［重審］は、上訴審で公訴事実に疑問があると判断したときに、原審に差し戻して補充調査をさせるような場合に使われる用語である。本件のようにいったん被告人が服役した後の審理は［再審］である。再審は中国法の裁判監督制度（日本の再審手続にほぼ相当）にもとづく手続である。

その二は、上記1の裁判経緯の②についてである。通常であれば、公訴の提起は地区級の荊門市検察院がその任にあたるべきなのに、何故下級の県級の京山県検察院にそれを移送したのであろうか。法制日報の記事からは分からない。ただ、最高人民法院刑事審判第三庭編著『刑事証拠規則理解与適用』[*3]に次のような記載がある。「一九九六年一二月二九日、行政区画の変更により、原荊州市人民検察院は当該案件の一件書類を党荊門市政法委員会に移送した。一九九七年五月一四日、党京山県政法委員会は本件を党荊門市政法委員会に上申し、その協力を求めた。同年、一〇月八日、荊門市政法委員会は京山県人民検察院において本件（佘祥林案件）の合同会議を招集し、……佘祥林に対して有期懲役に処することを決定した」。ここで重要なことは、佘祥林事件の扱いをめぐって党政法委員会が関わっている、より正確にいえば、党政法委員会が、死刑ではなく、有期懲役に減ずる決定をしていることである。この決定を受けて、一九九八年六月、京山県法院は懲役一五年の刑を宣告したものと思われる。それは佘祥林の自白に疑問が生じていたからであろう。

（3）劉涌事件*4

1　事件の概要と一審判決

劉涌は遼寧省瀋陽《しんよう》市を拠点として、嘉陽《かよう》集団という会社の経営者の顔を見せつつ、一九九五年以来宋健飛ら数人のメンバーと結託して黒社会（恒常的犯罪組織で、地域の党幹部や公安当局と癒着していることを特徴とする）を組織し、数々の違法行為をはたらいていたが、ついに傷害致死罪、不法経営罪、贈賄罪等の罪状で起訴され、一審の、何故か瀋陽市とは異なる（理由は後述）鉄嶺《てつれい》市の中級法院は、検察の公訴事実を全面的に認め、二〇〇二年四月一七日、劉涌等に対して執行延期のつかない、即時に執行される［立即執行］死刑判決を下した。

2　執行されない死刑への二審の変更判決

ところが、劉涌の上訴を受けて審理した遼寧省高級法院は、二〇〇三年八月一一日、一審と異なって、執行延期つきの、助かる死刑への変更判決を下した。何故、高級法院は一審判決を変更したのか。ここが問題である。名うての弁護士田文昌は、一審公判段階でも同様の主張をしていたのであるが、捜査機関が取調べにおいて拷問によって自白を強要したとして、その証拠となる証言を二点にわたって書面で提出した。*5

その第一は、劉涌等が逮捕された後、予審人員〔勾留［逮捕］後の被疑者を取り調べ、有罪とするための証拠固めをする警察人員〕が拷問を加えていたとの目撃証言である。その目撃者とは、なんと、同じ警察部門の武装警察［武警戦士］の人間であった。これはきわめて異様なことで、警察内部の権力闘争を推測させるものである。

弁護士が提出した証拠書類の第二は、数人の被告の自供が、時間、場所、方式、対話等を通じてすべて一致していたのに、そのうちの一人は、その犯行の時間に現場におらず、被告の妻の出産に立ち会うため病院にいたとの目撃証言である。

そこで、裁判所は、職権でもって――中国の審理では法廷での反対尋問〔cross examination〕という手法はとられない――捜査担当者の拷問による自白強要の有無につき調査をなし、拷問の可能性を根本的に排除できないと判断した。しかし、裁判所はそのことを一審判決変更の理由の中に反映させることはしなかった。直接の判決理由は、

上訴人劉涌は、当該組織の主犯で、彼が組織し、指導した黒社会の犯した全部の犯罪行為にもとづいて処罰し、死刑に処すべきである。ただし、その犯罪事実、犯罪の性質、情状〔情節〕、社会的危害性の程度および本案の具体的情況に鑑み、ただちに執行する必要はない〔可不立即執行〕。

という、あまりに抽象的すぎ、訳が分からないものであった。[*6] この判決文は、何故劉涌の死刑を、助からない死刑から助かる死刑へ変更するのかの実質的理由について、何も具体的に語っていない。

3 〝訴えなければ裁判なし〟ではなく、〝訴えなくとも裁判あり〟

この判決が出るや、世論は騒然となり、劉涌のような人間を生かしておくとなると、一

体誰を死刑にするのかと、猛烈な反発が起きた。これを〝民憤〟という。ちなみに、インターネットによる調査では、アンケートに応じた一四万七五六五人中、八九・七パーセントが（必ず執行される）死刑に賛成し、わずかに法律専門家等の七・三二パーセントの人間がそれに反対したという。[*7]

中国法は二審終審制を採用しており、通常であれば、ここで裁判は終了することになる。しかし、他国と異なり、中国の裁判には終審判決であっても確定力（res judicata＝訴訟を蒸し返すことのできない力）がなく、いつでも、しかも被告人に不利となる方向での再審請求も認められている。しかし、被告の劉涌はもちろんのこと、検察も再審請求しなかった。ところが、驚いたことに、最高法院がこの〝民憤〟に名を借りて再審に乗り出してきたのである。〝訴えなければ裁判なし〟は、古来、裁判の鉄則であるが、この鉄則は過去（帝政中国）も現在も中国には無縁のものである。

最高法院は二〇〇三年一〇月八日、再審の決定を下し、その裁判官をわざわざ遼寧省の、しかも二審判決を下した高級法院の所在地の瀋陽市ではなく、錦州《きんしゅう》市に出向かせ、最高法院の裁判官が自ら審理するという手続［提審］をとった。これはきわめて異例なことである。その際、最高法院は、高級法院の「本案の具体的情況」云々の判決理由部分（直接、判決の結論に関わる部分の理由づけ）を問題にするのではなく、厳密な意味では判決理由を構成しない、拷問による自白強要の可能性を否定できないとした部分を的にして再審を開始した。そして、検察側の提出した、瀋陽市公安病院の鑑定報告だけを一方的に採用して拷問の事実を否定し、かつ「弁護人が提示したすべての証人の証言は、関連法律規定に合致しない」との、関連法律規定が何を指すのか意味不明の意見を開陳した。この最高法院の判断について、北京大学教授の陳瑞華は、「鑑定機関としての瀋陽市公安病院は瀋陽市の公安機関に属する病院で、その中立性は保証しがたい[*8]」、「（弁護側の）証拠収集は一体どの法律のどの規定に違反しているのか[*9]」との疑問を提起している。まったく同感である。まことに杜撰《ずさん》な判決であった。そして、最高法院は、判決を下した同じ日に、間髪を入れず劉涌に対する死刑を執行した。

4　党中央政法委員会の暗躍

ところで、最高法院は本当に〝民憤〟に押されて再審に動いたのであろうか。事はそう単純でない。この案件には影の主役が存在した。胡錦濤や習近平の政敵薄熙来《はくきらい》である。*10 薄熙来は二〇〇一年二月に遼寧省長に就任したが、省のトップは省長ではなく、省党委員会書記である。当時は聞世震が党書記であり、薄は遼寧省の実権を握るため、遼寧省鉄嶺市の公安局長であった顔見知りの王立軍を使って、黒社会のリーダーであった劉涌と党書記聞世震との間のスキャンダルを掴もうとした。さきほど（3）の冒頭で、「何故か瀋陽市とは異なる……」と述べた疑問も、これで氷解する。王はその期待に応えるべく、鉄嶺市の公安組織を使って拷問を加えて劉らの自白をとり、王の息のかかった鉄嶺市検察院はその自白を主たる証拠として起訴し、一審では劉らに執行延期のつかない死刑判決が下された。

しかし、取調段階で拷問を加えても、薄の目的とした、党書記聞世震のスキャンダルを掴むことはできなかった。しかも、二審は、捜査段階で拷問があったことを否定できないと明言して、劉に対して執行延期つき死刑の判決を下した。もし二審で終わってしまうと、捜査段階での拷問に薄が関与していたことをいつ劉が暴露するか分からない。なんとしても劉の口を塞がなければならないと、薄は焦慮に駆られたであろう。そこで彼がとった手段は、当時、公安部長で党中央の政法委員会の副書記（その後、二〇〇七年には書記に昇格）という大物で、薄と昵懇《じっこん》の周永康（その後、習近平との政治闘争に敗れて、収賄罪等の罪で二〇一五年に無期懲役の刑に処される）の手を通じて最高法院を動かし、再審に持ち込むことであった。

「ワシントン・ポスト紙が伝えるところによれば、この判決書の基本的な内容は、公判の前に開催された中央政法委員会と最高法院との合同会議において決定された。この会議で、最高法院から参加した裁判官たちは、第二審判決を支持する意見を述べたが、中央政法委員会がこの意見を封じて、第二審判決の変更を命じたという。記事は最後に周永康公安部長（中央政法委員会副書記）が即時執行の死刑を提案し、死刑判決が決定したと伝えている」[*11]。

（4）拷問による冤罪《えんざい》事件の普遍化

拷問の事例として、佘案と劉案を紹介したが、これらは決して例外的、偶発的事案ではない。上海交通大学で憲法学を教える童之偉教授は、メディアに取り上げられた一九八九年から二〇〇三年までの重罪冤罪事件一六例を紹介している。煩を厭《いと》わずそれらを列記すると以下のとおりである。

①李永財、②李化偉、③呉鶴声、④杜培武、⑤姚静麗、⑥姜自然、⑦艾小東、⑧王洪涛、⑨史延生、⑩王崇高、⑪趙文泰、⑫栾君臣、⑬楊志傑、⑭孫志剛、⑮董甲宣、⑯蘭紀紅の各案。*12

この中で、⑩案は検察院での不法拘禁中に、⑪案はおそらく公安の捜査段階で、⑫案は行政拘留（行政処分の一種で、二週間程度の身柄拘束）中に、⑭案は収容所で、いずれも判決前に拷問の末獄死したケースである。それ以外は、入獄中に真犯人が見つかって自由の身となった案件である。童之偉は、これらの冤罪事件の共通点を以下の四点にわたって総括している。

第一に、認定された〝犯罪行為〟は死刑を含む重罪案件である。第二に、取調員はまず殺害等の重罪を犯したとの見込みをつけ、それから身柄を拘束し、拷問にとりかかる。その拷問の程度はすさまじく、被疑者がやってもいない殺人、強盗等を迫真のストーリーで語るほどのものであった。第三に、公安の捜査、検察の起訴、法院の審理のいずれのレベルにおいても違法に事案処理がなされており、公安、検察、法院三者は協力［合作］あるのみで、相互制約がまったくはたらいていない。第四に、被告人の冤罪が晴れるのは、思いもかけず真犯人が現れるという僥倖《ぎょうこう》による。*13

本章冒頭で紹介した一九九八年の司法解釈の、拷問による自白強要で得た違法証拠の排除規則の実効性はこのありさまであった。その後、二〇一〇年に最高法院・最高検察院・公安部・国家安全部・司法部は連名で「死刑案件処理につき証拠を審査判断するうえでの若干の問題に関する規定」と「刑事案件処理につき違法証拠を排除するうえでの若干の問題に関する規定」という二つの文書を公布した。しかし、これとて学者には評判がよかったものの、現場の受け止め方は辛辣であった。海口《かいこう》、西安《せいあん》、廊坊《ろうぼう》、寧波《ニンポー》等各市の裁判官、検察官たちは口々に「裁判所は、（違法証拠を）排除する勇気がなく、排除しようとも思わず、排除することができず、排除しきれない。検察院は監督の名はあるも監督の実なく、事前に違法証拠収集を防ぐことができず、事後に収集証拠の合法を証明することができない」と述べたとのことである。[*14]

(5)「封建専制」との連続

1 童之偉教授の「封建専制」との連続論

その後、二〇一二年の刑事訴訟法改正において、ようやく法律の中に違法証拠排除規則が盛り込まれることになった。しかし、一片の法律で中国の拷問がなくなるのであろうか。筆者は悲観的である。このことと関連して筆者が注目するのは、童之偉の次のような指摘である。

公共強力部門が濫《みだ》りに暴力を行使し、拷問を加えて自供を迫る行為は、市民の人身の自由という根源的な憲法上の権利に対する最も野蛮な侵害をなす。わが国では、さまざまな名称の公共強力部門およびその付属組織が、人民［百姓］に対して濫りに暴力を使用し、拷問によって自白を強要しているが、これは数千年にわたって連綿と続いてきた伝統をなす。鄧小平は、「旧中国が我々に遺したもので、民主法制の伝統はきわめて少ない。それに比して、封建専制の伝統は相当多い」[*15]と述べている。人民に対して濫りに暴力を使用して、拷問によって自白を強要するという伝統は、旧中国が遺してきた「封建専制の伝統」の一つである。[*16]

筆者は、憲法学者童之偉のように、また中国の歴史学界の通説のように、紀元前三世紀から二〇世紀初頭まで続いてきた帝政中国が、「法の支配」の最盛期であった、例えば執権北条泰時《ほうじょうやすとき》当時の日本中世封建社会[*17]と、支配の類型において同一類型の「封建」社会であったとはまったく考えない。ちなみに、日本中世封建制社会では、紛争は自力救済で解決するか、弾劾主義（当事者の提示した証拠と主張にのみもとづいて第三者が判定を下す主義）の裁判で決着がはかられ、したがって拷問なるものは存在のしようがなかった。[*18]

以上のことを前提としたうえで、童のいう「封建専制」、すなわち皇帝を主権者とする中央集権的官僚制のもとでの最後の王朝である清代中国の刑事事件の処理過程を瞥見《べっけん》してみたい。

2 清代中国の刑事事件処理手続

筆者は、かつて在外研究でハーバードロースクールに留学していたとき、本務校での講義からの解放を利用して、清代中国の刑部（重罪事件の処理を担当する中央行政官庁の一つ）の部内資料である『刑案滙覧《けいあんかいらん》』（滙覧とはまとめて閲覧に供するという意味）に収録されている約五〇〇〇例の刑事案件を、一年半かけてメモをとりながら読んだことがある。読了後、驚くべきことを発見した。それは、その事案の中に有罪無罪が争われている案件は一例も存在しなかったということである。すべて有罪を前提として、当該犯罪に対してどの程度の刑罰を科すべきかについての議論で終始している。何故そのような事象が生じるのか。そのことを知るためには、当時の刑事事件の、発生から刑の執行までの手続を見てみなければならない。清代の刑事手続は以下のようなものであった。

事件が発生するや、被害者や親族等が地方役所に訴えることから始まり、地方長官［知県」が訴えを受理すると、被害にあった物と人の検証が行われる。事物の検証のことを「勘」、人の死・傷の検証のことを「験」と称し、この「勘験」と前後して、関係者に対して尋問が行われる。その「勘験」や尋問をふまえて犯人逮捕のための捕り手「捕役」が派遣される。やがて被疑者が逮捕されると、その身柄を拘束して犯罪地の地方役所に押送し、その役所で取調べが開始される。その際に官に訴えた者および証人も身柄を拘束される。ここでの尋問のことを「験訊」と称し、そこではひたすら自白を得ることが目指された。何故なら自白が有罪とするための唯一の証拠をなしたからである。したがって自白を得るためには拷問も法で認められていた。もし拷問を加えても自白が得られないと、今度は訴えた側や証人を誣告《ぶこく》の嫌疑で尋問することになる。自白が得られないと、いつまでも捜査、尋問が続くことになる。自白を得ることによって有罪が確定し、以後は地方・中央の行政機関を通じて、そして死刑案件は皇帝のレベルで刑の量定が決まり、執行に移される。[*19]

　以上が、童のいう「封建専制」、その実、帝政中国の刑事手続の実態である。もしこれが童のいうように現在まで「連綿と続いてきた伝統」であるとすると、伝統から現代へと、連綿と続かせている要因が明らかにされなければならない。その要因とは、ほかでもない、行政機関の捜査から独立した、第三者による判定という機能の、清代であれば欠如、現代であれば驚くほどの脆弱性《ぜいじゃく》ということである。章は、このことを正確に指摘している。長文にわたるが是非紹介しておきたい。

裁判所と裁判官には必要な独立性が欠けている。まず、裁判所は公安、検察と一緒の大家族の一員として、犯罪嫌疑者と訴追機関の間に身を置く。法律と学説は、裁判所と裁判官が中立的立場から裁判することを要求しておらず、それどころか、公安・検察・法院三者の協調［合作］を要求し、事実、三者とも犯罪嫌疑者に対立する側にたっている。こうした協調が、杜培武の冤罪案（昆明《こんめい》の公安局の警察官であった杜培武は、彼の妻と同僚の不貞関係を疑い、二人を殺害したとの嫌疑で取調べを受け、その最中の残酷な拷問により、自供を強いられ、一審で執行延期のつかない死刑判決を受け、それが二審で執行延期つき死刑に変わり、収監中に真の犯人が見つかり、再審で無罪となったという事案）を作り出す一大原因をなしている。公安部は惨い拷問を加えて取調べをし、検察機関はそれを見て見ぬふりをする。はなはだしきは拷問によって得た証拠を覆い隠す。裁判官は、捜査部門の拷問の事実を、そして検察機関の、拷問によって得た証拠を覆い隠す行為を黙認する。……次に、裁判権を行使する過程において、下級裁判所は上級裁判所に対して本来ならば独立していなければならないのに、実際上は、行政的隷属関係を形成し、多くの重要案件の判決が〝上申して指示を仰いだ〟〔請示〕後にはじめて下されている。[*20]

こうした文章を読むと、現代中国の「法院」は、司法機関というよりは、警察行政機関の一部といわざるを得ない。

3　「封建専制」とのもう一つの連続面──〝疑わしきは軽きに従う〟

佘祥林事件や劉涌事件に関して、もう一点、伝統との連続を想起させる事実が存在する。それは、〝疑わしきは軽きに従う〟という、法律にはそのような規定はありもしないものの、中国の裁判所で実際に行われている慣行である。佘祥林事件において、一審が執行延期のつかない死刑の判決を下したのに対し、上訴を受けた高級法院は、証拠不十分として下級検察院に補充捜査を命じ、その検察からの起訴に対して、基層法院は一転して有期懲役に減刑したのであるが、この間、奇異なことに、市・県の党政法委員会が介在している。それは、佘祥林の自白に疑念が生じたことによるのであろう。そこで、党の市・県政法委員会は、協議のうえ、死刑を有期懲役に減刑する原案を作成し、それを京山県基層法院に伝えたのであろう。もう一つの劉涌事件では、遼寧省の高級法院は、劉に対して捜査機関が拷問を加えた可能性を否定できないとの認識のもと、一審の執行延期のつかない死刑を執行延期のつく死刑に変更した。同じ死刑といっても絶対に助からない死刑から絶対に助かる死刑への変更であるから、実態は天と地ほどの差のある減刑である。

法の支配のもとでは、〝疑わしきは被告人に有利に〟との原則および無罪推定の原則がはたらくが、現代中国の刑事手続では、そのような原則ははたらかない。それにかわって、〝疑わしきは軽きに従う〟、つまり拷問があったかもしれないが、どうも確信がもてない、決めがたいので軽きに従うという考慮でもって有罪の処理をするというわけである。これが、現代中国での慣行をなしている。

しかし、これは決して中華人民共和国のもとでの新生事物などではない。こうした考えは、古くから礼記《らいき》等の古典に登場し、唐代《とう》にあっては法律化されていた。唐断獄律（刑事手続違反の処罰規定）の疑罪条がそれで、疑罪については実刑が金銭刑に置き換えられる。その条文の疏議《そぎ》（法的効力を有する官撰《かんせん》の注釈）によれば、「疑とは、虚と実の証《あかし》、等しきを謂《い》う」とあり、犯罪の証明が真実か否か決めがたいときに用いられる。拷問によって得た供述に疑問がある場合も「疑」に含められた。[*21] この唐律の疑罪規定を見ると、現代中国の、〝疑わしきは軽きに従う〟という慣行は、唐律そのものである。しかし、この唐律の規定は、その後、明清律では姿を消している。清代の重罪案件を収録した『刑案滙覧』にも疑罪の事例は皆無である。自白するまで拷問を加えるのが清代の刑事手続であるので、疑わしきは刑を軽くする余地がそもそもないということであろうか。唐代に存在し、明清で消滅し、また現代において復活するという、この疑罪の歴史と論理をどのように考えたらよいのであろうか。

第七章　中国の［法院］は裁判機関か

――莫兆軍職務懈怠罪事件

前章で、上海交通大学教授童之偉の、「（中国の）裁判所と裁判官には必要な独立性が欠けている」、「下級裁判所は上級裁判所に対して……行政的隷属関係を形成している」との指摘を紹介した。そこでは、原文の〔法院〕を「裁判所」、〔法官〕を「裁判官」と訳したが、〔法院〕は本当に裁判所なのだろうか。〔法官〕〔審判員〕は本当に裁判官なのだろうか。同様に、中国の〔審判〕は「裁判」（adjudication）と同じ概念でとらえてよいのだろうか。以下では、混乱を避けるため、中国語の〔審判〕に「裁判」という語をあてず、また〔法院〕についても「裁判所」という語をあてず、〔審判員〕〔法官〕についても「裁判官」という語をあてず、原語をそのまま使用することにする。

まずは、検討の素材として莫兆軍職務懈《け》怠罪《たいざい》事件[*1]を紹介してみたい。

（1）莫兆軍職務懈怠罪事件のきっかけ

1　金銭の貸付けをめぐる原告李兆興の訴え

莫兆軍（以下莫とのみ表記）は広東省四会《しかい》市の法官で、彼が主審をつとめた民事事件において敗訴した被告が自殺した。この自殺の背景は以下のようなものであった。

二〇〇一年九月三日、金銭の貸し借りをめぐる紛争で、原告の李兆興（以下李）が借用証書、国有土地使用権証[*2]、家屋購入契約書等を持参して、四会市法院に訴えを提起した。金銭の借用書の内容は、「このたび李より現金一万元を家屋購入費用として借用し、今年八月末までに返済する。期限を超えても返済しなければ、李は借金のかたに当該家屋を取り立てる。以上記す。借用人張妙金、父親張坤石、母親陸群芳、妹張小嬌。二〇〇一年五月一日」というものであった。

貸主の李は、張妙金ら四人が期日到来後も借金を返済しなかったので、法院に対して貸金元本、利息および訴訟費用の支払を命ずる判決を求めた。四会市法院は、本件を簡易手続での審理の対象とすること、当該民事審判は莫による独任審判とし、まず調停を試みることを決定した。

2 被告の主張と、副院長への陳情

二〇〇一年九月二七日、法廷調査の中で、被告の張小嬌は、この借用証書は二〇〇一年四月二六日に家屋証を入れたハンドバックを馮《ふう》志雄なる人物によって奪い取られ、その後、この馮が、李をともなって張の家にやってきて、脅迫を加えて署名させたものであって、実際には李から借金などしていないことを述べた。しかしこのことを警察に届けることはしなかった。当日の調停は不調に終わった。

二〇〇一年九月二八日、被告の張妙金と張小嬌は法院に出向き、副院長の徐権謙（以下徐とのみ表記）に事情を報告し、被告側の答弁書を手渡した（被告の証言）。副院長の徐はそれを承けて、張の陳情を受けたことの記録および「莫に対して、きちんと訴訟当事者の材料に目を通し［審閲］、かつ判決の要点［情況］を私に伝えてから判決を下すよう求める」との、陳情に関する処理意見を張妙金らに与えた（徐副院長の証言）。

3 法院の判決と被告の自殺

二〇〇一年九月二九日、四会市法院は、被告張坤石等に対して、原告李に借金一万元および利息を支払うこと、その責任は連帯責任であること、判決の効力発生後一〇日以内に本判決を履行することを命じた。一〇月一二日、判決書が原告・被告双方に送付され、被告は判決を不服として上訴しようとしたが、結局、上訴期限が来ても上訴せず、当該民事判決は法的効力を生じた。

二〇〇一年一一月八日、原告の李は、法院に強制執行を申請し、法院は同月一三日、被告張坤石等に執行通知書を発送し、同月二〇日までに判決を履行するよう命じた。同月一四日の昼、被告張坤石・陸群芳夫婦は法院の塀の外で服毒自殺した。そこで、何故か、四会市党委員会が登場して来て、二〇〇一年一二月五日午後、党政法委員会書記の呉瑞芳が、張坤石の家族張水栄、張継栄、張妙金、張小嬌に一二三万元を補償することを告げた。

（2）事件の概要

1　職務懈怠罪の対象者

張夫妻の自殺に不審を抱いた四会市公安機関が捜査を開始し、李が持参した借用書は、馮が張小嬌から国有土地使用権証を奪い取った後、李と馮が語らって張の家に押しかけ、張坤石等を脅して書かせたものであることが判明した。この捜査結果を受けて、検察はこの民事事件の主審をつとめた莫を職務懈怠罪（刑法三九七条）で起訴した。

この職務懈怠罪は「国家公務員が職権を濫用し、または職務を懈怠して、公共の財産、国家と人民の利益に重大な損害を与えたときは、三年以下の懲役または拘役に処す（以下略）」というものである。本件に即していえば、審判員の莫は国家公務員としての公職を正しく履行せず、その結果、被告張坤石等の「利益に重大な損害を与えた」として、検察は莫を起訴した。日本で、裁判官が民事事件で証拠調べを十分にせず、その結果、誤審を引き起こしたということで、刑事罰が適用されることなど聞いたことがない。そもそも、そうした規定はあり得ない。何故なら、裁判官には、身分保障として「裁判官の無答責性」（the Immunity of the Judge ＝裁判官は司法的業務において一切法的責任を問われることがないとの原理）が認められているからである。しかし、中国の職務懈怠罪には、行政機関ではたらく公務員の業務のみならず、司法業務も含まれている。最高検察院の司法解釈「職務懈怠罪を正しく認定し、処理するうえでの若干の意見（試行）に関する通知」（一九八七年八月三一日）は、国家の、生産の安全、販売業務、貿易業務、財務業務、民生管理、文化教育、工商、税関、会計管理等の行政業務と並べて、「司法業務」をも本罪の対象に掲げ、司法業務上の職務懈怠とは「司法業務担当者が、自ら管理すべき職責に属する業務を放置して管理せず、職務を果たさない程度が重大で、重大な結果を引き起こす」（同解釈一二）ことであると述べている。

2　事件の争点

上訴審の広東省高級法院の裁定書に記されている裁判の経過は以下のとおりである。

一審では、「被告人莫が（金銭消費貸借契約紛争に起因する）当事者張坤石夫妻の自殺という異常な結果を予見できなかったことについて、主観的に過失はなく、案件審理において莫は法官としての職責を履行しており、職責を履行せず……人民の利益に重大な損失を与えるという職務懈怠行為はなかった」として、被告莫に無罪の判決を下した。

この判決に対して、肇慶市《ちょうけい》検察院は高級法院に抗訴（中国法では、検察からの上訴を抗訴と称し、被告からの上訴と区別する）を提起した。抗訴理由は二点存したが、莫の職務懈怠行為と重大な損害（自殺）との刑法上の因果関係に関する議論を脇におけば、莫の職務懈怠罪の成立に直接関わる部分の公訴事実は、（ⅰ）民事事件の審理中に刑事事件との関わり（脅迫行為）の疑念が出てきたときは、捜査機関へ報告する義務があるのに、それを怠った、（ⅱ）法廷での審理中の莫の挙動が正常を失し、法廷秩序を乱した、（ⅲ）当該事件の処理意見を指導者に報告してから判決を下すことを求めるとの上司の指示に莫が従わず、これは責任の重大な逸脱を示している、というものであった。

この中で本論と関わる重要な争点は（ⅲ）であり、この点につき、検察側証人の徐副院長は、民事被告人の張らの訪問を受け、話の内容を聞いた後、（本件刑事）被告人莫をオフィスに呼び、彼に対してきちんとこの案件を審理し、かつ審判の結果を（判決を下す前に）報告するように求めると同時に、当該案件は独任廷で審理するのが適切かどうか検討するよう提案した。しかし、莫は、（被告張らが徐副院長に渡しておいた答弁書を、徐副院長から）受け取るや、さっさと立ち去り、その後、判決の要点についての事前の報告はなかった。張坤石夫妻の自殺があってはじめて判決結果を知った次第である。

と述べた。これに対して、被告の莫は、

判決を起草した後、ある人物が徐副院長の署名入りの「莫廷長に詳しく調べさせる」とのメモが書いてある答弁書を届けてきたので、ただちに判決書の草稿を携えて徐のオフィスに行き、案件の要点を徐に報告した。徐はその報告を聞いた後、証拠からしても、このような判決になるだろうと述べたので、判決書に署名を求めたところ、徐は、君の職権で自ら署名すればよい。

と言ったと述べた。

この両者の主張で争点をなしたのは、右傍線部の指示を、直接、副院長の徐が莫に対してなしたかどうかについてである。もし指示を出したのであれば、その指示に従わなかったということで職務懈怠罪が成立するということになる。しかし、この点につき、莫は「ある人物が……メモが書いてある答弁書を届けてきたので……徐に報告した」と言うだけで、徐から告知を受けたとは述べておらず、徐には告知したことの証明ができていない、というのが高級法院の判断であった。かくして、高級法院は、一審同様、職務懈怠罪の成立を認めなかった。こうしたやりとりで思い起こされるのは、日本の長沼ナイキ基地訴訟に関連して起きた「平賀書簡問題」である。この事件では、裁判を担当もしていない札幌地裁の平賀健太所長が、訴訟担当の福島重雄裁判官が自衛隊違憲判決を下すのではないかと危惧し、書簡を通じてあれこれと指示をしたことが、裁判の独立を犯すものとして問題となった。ところが、中国では、まさに真逆で、上司である徐副院長の指示に従わなかったのではないかということが問題となった。

3　中国独特の審判委員会制度

ところで、上記傍線部の後半部分に「当該案件は独任廷で審理するのが適切かどうか検討するよう提案した」という文言がある。これは一体何のことであろうか。このことを知るためには、もう一つ、広東省高級法院の裁定意見を見てみなければならない。当法院は次のように述べている。

法院組織法、民事訴訟法等は……重大・難解な案件については、院長に申請のうえ、審判委員会に付託して討論し決定することを明確に規定している。実際の業務において、合議法廷（基層および初審となる中級法院は基本的に三名の審判員で構成）または独任廷の法官は重大・デリケートな［敏感］案件については、自発的に院長、廷長（民事、刑事、行政等各審判廷の長）に報告して、指導者の意見を聞く……というやり方が客観的に存在している。しかし、これは法院内部の報告、上申、コミュニケーションの方式である。ある案件について、院長、廷長に報告する必要があるかどうかは、合議廷または独任廷の法官が決定する。

審判委員会とは、中国独特の制度で、重大な案件や法の解釈・事実認定が難しい案件については、合議廷や独任廷ではなく、この審判委員会が、訴訟当事者を排除したうえで、非公開で討論・決定する制度のことをいう。そのメンバーは、院長、副院長、政治処主任、弁公処主任、刑事・民事・行政・経済・執行の各審判廷長等から構成され、検察員の傍聴が認められていた。[*3] 広東省高級法院は、原告李と被告張等との民事訴訟案件につき、審判委員会に付託するかどうかは独任廷の莫審判長の判断に委ねられているのであるから、彼が付託しなかったからといって、違法ではないという判断を示したわけである。

この審判委員会への付託の権限が院長と合議廷・独任廷のいずれにあるのかについては、複雑な立法的経緯がある。法院組織法は、審判委員会に関する規定を置いているが、主導権の問題については何も語っていない。刑事訴訟法では、一九七九年法では院長に主導権を与えていたのを、一九九六年の改正で主導権を合議・独任廷に移した。民事訴訟法は、一九八二年の試行法が院長に主導権があるとしていたのを、一九九一年の民事訴訟法では、一挙に審判委員会に関する規定を削除してしまった（したがって、上記の広東省高級法院の裁定書での、民事訴訟法が審判委員会を明確に規定しているとの言は誤りである）。しかし、このことは、民事訴訟ではもはや合議・独任廷だけで審理が完結することを意味しているわけではなく、刑事訴訟法と同様、審判委員会の存在を認める説も有力に唱えられており、*4学説上も実務上も対立をはらんでいる。

莫兆軍事件では、広東省高級法院は、審判委員会の存在は認めたものの、この委員会へ付託すべきか否かの判断権は合議・独任廷にあるとの立場をとっている。しかし、実務上、多くの法院では「合議廷の同意を得ずに院長が案件を審判委員会に付託し討論させている」*5との報告がある。また、ある中級法院が制定した審判委員会の討論範囲を例にとると、中級法院を一審とする（したがって重大な）経済、民事、行政、刑事案件、および全面的に原審判決を改める類いの二審案件、再審の経済、民事、行政、刑事案件については審判委員会が討論することになるとされており、これでは中級法院の大部分の審理事項が合議廷ではなく、はじめから審判委員会に付託されてしまうことになる。*6こうした記述を見ると、少なくとも重大・難解な案件について合議・独任廷が単独で結論を下すことはあり得ないと考えてよい。

（3）莫兆軍職務懈怠罪事件から見えてくる、行政機関としての中国の法院像

1 「多主体」「階層化」「複合式」からなる法院

莫兆軍事件は、法廷での審理を担当する審判員も、行政担当人員と同様、職務懈怠罪の対象となり得ること、法院の審理において、副院長の指示があればそれに従わなければならないこと、そして事案が重大案件であれば、合議・独任廷の手を離れ、非公開の審判委員会に回され、そこで決定されることを示している。そして、莫兆軍事件で争点をなしたこのような問題は決して例外的問題ではなく、中国の法院の構造に由来する、恒常的に起こり得る問題である。その法院の構造を的確に描いているのが、四川大学法学院教授顧培東の論文「人民法院内部審判運行機制的構建」[*7]（人民法院内部の審判運用メカニズムの構築）

である。

それによれば、中国の法院は、「多主体」「階層化」「複合式」という三種の構造を有するという。「多主体」とは、事件を受理した審判員、合議廷、副廷長、廷長、副院長、院長および審判委員会の各主体が審判活動に参加することを意味し、「階層化」とは、法院内部の合議廷→廷長→院長→審判委員会の間での行政的ヒエラルヒーを意味し、「複合式」とは、同一案件が同一審級内でしばしば「多主体」の「階層化」された多くのレベルでの複合的評価を経てはじめて最終的な判決が形成されることを意味する。*8

2　行政的意思決定方式

顧は、このような判決形成のあり方について、別の箇所では、「ヒエラルヒー的構造の影響のもとでの行政的意思決定方式」とか、「院・廷長および審判委員会の裁判に対する最終的決定権」といった言い方をしている。*9

そして、「現段階では、長期的に見て、法官を中心あるいは本位とする、法官が裁判権を独占的に有する司法方式またはモデルをわが国が制度上、実践上選択することはできない」、「中国の基礎的政治構造と主たる文化的傾向を改変してある種の（＝欧米の）方式、モデルに適応させることはできない[*10]」と断言している。ここでの「文化的傾向」の内容は不明であるが、「基礎的政治構造」が「ヒエラルヒー的構造の影響のもとでの行政的意思決定方式」を意味していることは明らかである。

こうした顧の議論は、もちろん、彼の独創ではなく、従来から論じられてきた。例えば劉春茂は、「こうした制度（院長・廷長による審査・承認制度）が流行した理由は、主に長期にわたって行政的処理方法でもって法院を管理するという慣習が行われてきたことによる[*11]」と述べている。

（4）西洋の裁判と中国の審判――司法と行政

1　中国の複合式の決定形成

こうした合議・独任廷→（副廷長）→廷長→（副院長）→院長→審判委員会→判決という

「複合式」の判決形成過程は法院内部で完結しているわけでもない。先の佘祥林事件や劉涌事件に見られたように、各級法院に対応する同級、上級の党委員会が介入してくる。このような多主体による決定形成のあり方の特徴について興味深いのは、イギリスの行政法学者W・ロブソンの、行政と裁判の比較の議論である。[*12] 彼はその著『正義と行政法』の中で正義＝裁判に固有の属性として、①裁判官は独立して決定を下す、②裁判官は自らの手で職務を遂行しなければならないということをあげている。

2 〝いかなる主人ももたない〟裁判官と、上位の権威へ服従する行政官

敷衍すれば、①については、裁判についての原初的観念の中でも、裁判官は公平無私であるという観念ほど根本的なものはなく、その公平性を保障する第一の条件が裁判官の独立である。そして、この裁判官の独立ということは、彼がその職務を遂行するやり方に関してほかのいかなる者も命令を下すことはできない（〝彼はいかなる主人ももたない〟）という事実に存する。唯一彼が服するのは、（i）過去から現在まで裁判官たちによって宣言されてきた法原理、（ii）議会によって制定された法律に対してのみである。この点で行

政官の立場と鋭く対立する。後者は、より上位の権威に服従し、遂行すべき業務の方法や内容に関して命令や指示を受け取る責務を有する、と説く[*13]。

次に②について。裁判手続にともなう条件の一つは、裁判官は決定すべき事柄を彼自ら聴取し、自ら決定しなければならないということである。換言すれば、業務の一部を他人に移譲してはならない。この点でも、行政官と鋭い対照をなす。典型的な行政官とは、委任業務の長い連鎖の中の単なる一つの環《かん》に過ぎず、司法的業務のような自律性を欠いている、と説く[*14]。

このような彼の認識によれば、中国のような、合議・独任廷での審理によって審判は完結せず、重大な事件であれば、常に上位の人間、機関の指示を仰ぐことが期待されている仕組みは、紛れもなく行政に属すると判断するであろう。そして、前掲の顧培東や劉春茂のような中国の学者も同様の認識を示している。

3　裁判の固有の属性をことごとく有しない中国の法院の審判

さらに、ロブソンは、裁判に固有の属性として、③裁判官は自らの下した決定に対して責任を問われることがない[15]、④裁判は争いが当事者間において存在し、裁判所に訴えられることを前提とする[16]（〝訴えなければ裁判なし〟）、⑤裁判においては審問の権利が保障されている[17]、⑥決定（判決のこと）は最終的なものであり、蒸し返しは許されない[18]、といったことを挙げている。

ところが、中国の法院の審判では、このいずれもがあてはまらない。③に関していえば、莫兆軍事件では、審理を担当した審判員自身が職務懈怠罪に問われており、④に関しては、第六章の劉涌事件のように、高級法院の判決に被告も、検察も異を唱えていないにもかかわらず、最高法院がしゃしゃり出てきて、独断で再審を行っており、⑤に関しては、中国の審判においては、事件が重大であればあるほど当事者を排除した非公開の場、すなわち審判委員会で討論、決定される。事件が重大であればあるほど当事者の審問の権利が保障されなければならないのに、些細な事件においてのみ保障されるとは、まさに真逆である。

さらに⑥に関しても、中国の法院の審判には確定力がない。中国の審判は、二審終審制をとり、一応、上訴は一回に限られている。そして、終審判決が下されると「法的効力が生じる」という言い方がなされる。この表現は日本や西洋での判決の確定力（res judicata）という概念とは異なる。判決が確定すると、「一事不再理」（二度と同じ案件を蒸し返してはならない）の力が発生する（古代ローマ法以来の伝統）。ただし、中国では、終審判決が下されても、その後に疑義が生じたときは、被告側だけではなく、検察側からも、さらには法院自らが、被告人に不利な方向での再審請求さえできる。この再審請求は、刑事事件であれば、理論的には永久にできる。〝過ちは改めるにはばかるなかれ〟の精神である。この判決の確定力の欠如は、現代中国特有のものではなく、帝政中国以来のものである。*[19]

以上、①〜⑥に即しての中国の実例が示すものは、そのいずれもが裁判と鋭く対立する行政の属性ということである。行政官は、上司の指示を仰ぎ、職務上、過失責任を問われ、訴えの有無に関係なく、むしろ事前に問題の処理がなされることが望まれ、非公開の場で案件が決定されるのが常態であり、行政上の決定には確定力はない。

（5）帝政中国法との距離感

以上、莫兆軍事件を素材にして現代中国の「審判」の構造と性格を論じてみた。ここでちょっと脇道にそれて、先学の議論を垣間見《かいまみ》てみよう。

1　M・ウェーバーと滋賀秀三の帝政中国論

M・ウェーバーは、『経済と社会』の中で、清国に駐在していた外交官やキリスト教伝道師たちの報告書をもとにして、「中国の裁判は、裁判と行政との限界が家父長制的に消去されたものの典型」であり、ここでは「すべての裁判が行政の性質を帯びてくる」と述べている。[*20] それから約五〇年後、ウェーバーの指摘と無関係に書かれた中国法制史学者滋賀秀三の「清朝時代の刑事裁判[*21]」を読むと、その在り様について、「所詮、裁判機構は行政機構の一側面としてしかとらえることができない[*22]」、「各級裁判機関の上下関係の態様は、現在われわれの行政官庁におけるそれと基本的に異なるものでなかった……。司法というものの本質的要請と考える各審級の自足完了的性格が全然認められていなかった[*23]」、「天下の司法の元締めたる刑部の機構」に見られる決定の方式は、「下僚起案・上官決裁という行政官庁の事務処理方式にほかならない[*24]」といった、清代の刑事裁判の「行政的性格」の指摘に充ち満ちている。

2　現代中国法と帝政中国法の時間的、観念的距離感

以上は、中華人民共和国成立のわずか三七年前まで（革命根拠地の成立＝一九二八年から数えると一六年前まで）、秦《しん》帝国の成立以来、二〇〇〇年余にわたって存在し続けてきた帝政中国の「裁判」構造に関する記述である。

ちなみに、前章の劉涌事件で問題となったのは、一審の執行延期のつかない死刑判決から、二審の執行延期つき死刑判決への変更についてであった。このような二種類の死刑制度はおそらく世界に例を見ないものである。しかし清代に目を向けると、そこには確かに類似の制度が存在したのである。それは秋審制度と呼ばれるもので、

死刑は立決と監候の二種類に分けられる。立決は判決があればただちに執行せられて……監候は改めて執行命令をまって始めて執行されるものであり、それにさきだって年に一度の秋審という執行の可否をめぐる審査にかけられる。秋審において……緩

決（執行延期―原文）に入れられた者は翌年同じ審査を受け、これを何度か繰返すうちに死一等を減ぜられる

ということを内容とした。[*25]

そして、この両者の関連について、滋賀は「法制史の立場から見た現代中国の刑事立法」という論文で、

新中国の指導者たちは独自の立場から死刑の執行猶予という制度をつくり出したのであって、決して旧時の秋審からヒントを得たのではないであろうけれども、思考様式として、両制度の間に明らかに脈絡が認められる。[*26]

と書いたのであるが、その後、この傍線部の記述につき、

事実はそうでなかったらしい。浅井敦氏が拙文に対する批評（『法制史研究』第34

号書評欄）の中で述べられたところによれば、一九五一年頃、法制分野での重鎮であった董必武は、清代の秋審監候を参考として、これを新刑事法制に取り入れるかどうかを検討することを許可していたという。[*27]

と訂正している。

帝政中国の終焉から中華人民共和国の成立までの時間的、観念的距離は案外に近いのである。現代中国の「審判」制度の枠組み・構造は、「わが国数千年の封建君主制によって形成された行政と司法の合一、行政長官が司法長官を兼任する」[*28]という清代までの帝政中国の旧《ふる》い基層の上に、旧ソ連邦の法制度の影響があいまって形成されたのであり、これに比べて、欧米の裁判制度は、実際には、さしたる影響を与えていない。

第八章　表の法と裏の法

——南剡鋒不法所得罪事件

（1）寓話《ぐうわ》は中国では寓話ではない

法理学者として著名なL・フラーは、その著『法と道徳』*1において、法の定立に失敗したある王（レックス）の寓話を引き合いに出しながら、法を法たらしめる不可欠の要件が何であるかを説いている。その中に、以下のような一節がある。

レックスは……かれの名前を偉大な立法者として歴史にとどめようと決意し……臣下にたいして現行の法をすべてその種類を問わずに即座に廃棄することを明らかにした。こうしておいてかれは新しい法典の編纂《へんさん》にとりかかった。……かれは法典編纂の計画に再び着手し、……かなり長々とした文章をつくりあげることができた。しかしながら、かれは……まだ自信がなかった。……これからはそれにのっとって判決を下すことにするが、しばらくの間は法典の内容は自分と書記だけが知っていて、その他の者には公式の国家機密としてこれを知らせない、と布告した。ところが……このもっともな計画は臣下たちの深い反感をかった。*2

こうした寓話を引きながら、著者のフラーは、暗愚な王が法準則の体系の構築に失敗した理由の一つとして、臣下に対して、彼らが従うことになっている準則を公布しなかったことを挙げている。法とは、公知の準則でなければならないのである。ところが、この寓話を現代中国法にひきつけて論じるとなると、単なる暗愚な王の寓話ですまなくなるのである。

(2) 法が存在しなかった時代

1 〝えっ、中国に法律があるんですか〟

アメリカの著名なジャーナリストの故H・ソールズベリーは、一九七〇年代はじめに北京で周恩来に会見したときのやりとりを以下のように紹介している。

私の連れのハーバード大学の教授に、周が専攻は何かと尋ねたことがあった。教授が「中国法です」と答えると、その場に居合わせた中国政府要人たちはいっせいに大声で笑いだした。教授は狐《きつね》につままれたような顔をしていたが、それは、当時まだ進行中だった文化大革命で、中国に「法」などというものは存在しなくなってしまったことを指す自嘲の笑いだったのである。*3

ここに登場するハーバード大学の教授とは、筆者も師事したことのあるJ・コーエン教授であると思われる。それはさておいて、実は、私にもある想《おも》い出《で》がある。私が助手のころ、年代でいえば一九七〇年代の初頭、たまたまある会合で、初対面のある弁護士とあいさつを交わし、その際、その弁護士より、〝御宅《おたく》のご専門は何ですか〟との――こうした場での恒例の――質問を受けた。そこで、私が〝中国法です〟と答えると、一瞬空白の時間が生じ、その後で真顔で、〝えっ、中国に法律があるんですか〟との言葉が返ってきた。そのとおり、当時、中国に法と呼べるものは皆無に近かった。そのことを市民の生命・身体の自由を守るうえで不可欠の刑法と刑事訴訟法を例にとってみてみよう。

2　法の空白を埋めたもの

中華人民共和国には、一九四九年以来一九七九年まで、実に三〇年の長きにわたって刑法典も刑事訴訟法典も存在しなかった。しかし、法典が存在しようがしまいが、殺人や強盗等各種の事件は発生するわけで、それらの行為をどのようにして処罰したのであろうか。この時期、刑事事件処理の判断基準になるものとして、以下のようなものが参照されたようである。

中国共産党は、国共内戦に勝利する直前の一九四九年二月、「国民党の六法全書を廃棄し、解放区の司法原則を確定することに関する指示」を出し、新しい法律が制定されるまでの拠《よ》り所《どころ》として、党の政策を冒頭に掲げた。党の任務を実現するために定めた行動の根拠と準則を利用せよというのである。しかし、それは乱暴な話である。裁判規範に不可欠の「要件と効果」（例えば「人を殺したる者は、死刑又は無期若しくは五年以上の懲役に処する」との殺人罪の条文において、「人を殺す」が要件、五年以上の懲役～死刑が効果である）の部分を欠き、裁判の判断基準としては本来的に不向きなものだからである。

したがって、実際には、政権転覆を目的とする行為を処罰する全二一条からなる反革命処罰条例（一九五一年制定）とか、国家の財産の窃盗、横領、強奪等の行為を処罰する全一八条からなる汚職［貪汚］処罰条例（一九五二年制定）のように、特定の法領域に限って制定された単行法規が、類推適用をともないながらしばしば援用されたであろう。

しかし、所詮、単行法規では、適用範囲には限界が存した。そのように考えると、実務でより重視されたのは、国民党時代の法に代えて制定が目論《もくろ》まれていた新法典の草案類とか、裁判例をもとにして編纂された模範案例の類いであったであろう。草案類としては、一九五〇年の「刑法大綱草案」を手はじめとして、一九六三年の「刑法草案（修正稿）」（三三次稿）に至るまで度重なる起草作業が続けられた。また、模範案例の類いについても、北京や天津《てんしん》等の一部の高級法院に限られていたとはいえ、過去の案例が「案例彙編」として編纂されていた。ただし、これらの草案や案例類は非公開であった。旧ソ連邦の教科書類が参照されることもあったようである。

しかし、細々と続けられていた、そうした立法化の営みも、毛沢東の発動した「文化大革命」（一九六六〜一九七六年）によって完全に叩《たた》き潰された。中国で立法作業が本格的に開始されるのは、復活を遂げた鄧小平の主導のもとで開催された、一九七八年末の中国共産党第一一期中央委員会第三回全体会議で、法制強化が強調されるようになってからのことである。

3　一九七九年以後の法制の整備

中華人民共和国成立以来三〇年の長きにわたって法律の空白時代が続いたが、ようやく、一九七九年の刑法典と刑事訴訟法典の制定を皮切りに、刑事法、民事法、行政法の各領域で立法作業が進捗し、二〇二〇年の民法典の制定をもって、中国の法体系の全体的構築は基本的に完了した。

ところで、法といってもさまざまな種類の法がある。日本でも、憲法のほかに法律、命令（省令、政令、規則の類い）、条例（地方議会の制定する法）等各種の法が存在し、相互の矛盾を避けるため、前者の法が後者の法に優位するとの段階的構造をとっている。中国法も同様であり、憲法―法律―行政法規―地方性法規―部門規則の重層的な序列構造をとって存在している。ここでの法律とは全人代および同常務委員会が、行政法規とは国務院が、地方性法規とは省級人民代表大会が、部門規則とは国務院各部・委員会がそれぞれ制定した法のことである。

(3)「裏」の法の存在——南刔鋒不法所得罪事件

1 事件の概要と判決

上海で発行されている雑誌『法学』の一九八八年第一二期に、新疆ウイグル自治区のウルムチ市検察院の莫黎明による「南刔鋒不法所得罪案件の分析」(南刔鋒非法所得罪案浅析)という題名の投稿文が掲載されている。この事件の概要と判決は以下のとおりである。

被告人南刔鋒(以下南とのみ表記)は、一九八二年一二月から八五年一一月にかけてウルムチ市の五つの銀行で相前後して現金三万元を預金した。南は当市の退職幹部局基建財務処副処長の地位にあり、八六年以前は行政等級が二三級で、八六年の賃金改革後は、二一級となった。要するに下級官吏である。その妻の賃金も彼と大差なく、二人の子供はいずれも勉学中で、ほかに収入源はなかった。預金三万元中の二・六万元は、南の賃金収入と家庭財産の情況によれば、明らかに合法的収入を超えており、南自身もその来源を説明できなかった。司法機関の立案（捜査開始の決定）・捜査の後、南はしばしば手紙や電報でもって彼の甥《おい》に偽証をさせた。ウルムチ市天山区基層法院は、全人代常務委員会の単行法規である「横領罪・賄賂罪処罰に関する補充規定」（以下、「補充規定」と略）一一条にもとづいて、不法所得罪（現行刑法では巨額財産来源不明罪）をもって懲役一年の判決を下した。しかし、区検察院はこの判決を不服として抗訴し（中国では検察側の上訴を抗訴と称する）、被告人の南も犯罪を否認して上訴した。市中級法院も不法所得罪の成立を認め、懲役二年と不法所得額二・六万元の没収の判決を下した。[*4]

2　本件判決についての疑問と、その一応の氷解

この事件で起訴の根拠となった不法所得罪は、殺人や窃盗のような、特定の行為を対象として作られた犯罪類型ではない。また財産の由来が正当なものであることを被告人が立証しなければ有罪となるというまことに奇異な犯罪類型である。大学で刑事訴訟法を受講した者として、無罪の立証責任など聞いたことがない。あるのは検察による有罪の立証責任だけである。しかし、本件が特に問題となるのは別のところにある。

南が銀行に預金した時期は、一九八二年から一九八五年にかけてのことであった。他方、南に適用された不法所得罪を含む「補充規定」が制定されたのは一九八八年一月二一日で、この一三条に「本規定は公布の日から施行する」と明記されている。つまりこの不法所得罪は過去に遡らせることはできないはずである（遡及効の禁止）。では、何故、被告人の南は有罪とされたのか。こうした疑問が生ずる。

実は、筆者は、大学から帰宅途中の電車の中で、上記の莫黎明論文を読み、釈然としなかった。しかし、自宅に戻り、手元にあった、奥付に「内部発行」と記されている『刑事

審判手冊』[5]（第一輯《しゅう》）を見ることでこの疑問は氷解した。「内部発行」とは、一定範囲の関係者以外閲覧が禁じられている非公開文書のことで、その秘密の度合に応じて「絶密」「機密」「秘密」の三級に区分されている。「絶密」級の内部文書をひそかに入手でもしようものなら、重い制裁が科される。筆者が内部発行の書を所有していたのは、そこにおさめられている文書は、一定の日時が経過し、もはや非公開にしておく必要がなくなり、書籍購入販売市場に出回ったことによるのであろう。

右の『手冊』に、一九八二年八月一三日付けの「公共財物横領・収賄罪処罰に関する補充規定（草案）」（以下「横領罪等補充規定草案」と略）という文書がおさめられている。この草案は、全人代常務委員会によって同年三月八日にすでに制定されていた「重大経済事犯を厳しく処罰することに関する決定」（以下「重大経済事犯処罰決定」と略）という法律に不備の点があり、それを補うために全人代常務委員会機関党組が作成したものである。

その第五条に「国家公務員の財産または支出が明らかに合法的収入を超え、その差額が巨額で、本人が合法的来源を説明できないときは、その財産の巨額部分は不法所得をもって処断し、五年以下の懲役、拘役（一～六カ月の短期の自由刑）または管制（収監せず、自宅にて一定期間、公安の監視下におく刑事罰）に処し、あわせてその財産の差額部分を没収する」という規定が存した。

全人代常務委員会機関党組は、党中央書記処にあてて、将来の正規の立法化に備えて、第五条の規定を含むこの草案を「各地、各級の司法機関の党組に送り、内部規定として参照・試行」してはどうかとの上申をなした。

これを承けて、党中央弁公庁は同月二七日の日付で、省・市・自治区党委員会、国家機関各部党組にこの草案を通知し、その際、この草案はあくまでも「内部規定として参照試行されたし。この草案の規定のうち、現行法では犯罪と見なされていないもの、および立法手続を通じて公布施行されるまでは執行に差しさわりがあるものは、暫時執行すべきでない。この二つの『補充規定』草案は、どうか公然と引用しないでほしい」と付言したのである。

この文書が新疆ウイグル自治区党委員会と法院党組にも回ってきたことであろう。

これで、何故、全人代常務委員会が一九八八年に制定した「補充規定」を、一九八二年から一九八五年にかけての預金行為に遡らせることができたのかとの疑問は解けたのである。一九八八年制定の「補充規定」とは別の、全人代常務委員会機関党組の手になる「横領罪等補充規定草案」という「裏の法」が存在し、それを適用して南の一九八二〜一九八五年の預金を不法所得罪で処断したのである。ただ、本草案の適用については、「内部規定として参照試行」し、決して「公然と引用しない」ようにとの文言が付されていた。そのため、この準拠法を公然と判決文に記すわけにはいかず、八八年の「補充規定」を適用したかのような外見を装ったのである。これで、遡及が禁じられているのに何故このような結論になるのかとの疑問は解けたわけである。

しかし、これですべての疑問が氷解したわけではない。

3　なお残る疑問

実は、南の事件の審理において、南の預金が犯罪を構成するかどうかをめぐって法院内部で「二種類の意見が対立した」[*6]という。

南の無罪を主張する審判員の意見は、「本規定（正規の「補充規定」）は公布の日より施行するとなっている。公布の日以後の行為に対してのみ刑事責任を追究することができるのであって、一九八八年一月二一日以前の事実には遡及させることはできない。何故なら過去（一九八八年一月二一日以前）の法律、法令には不法所得罪の規定はないからである」というものである。この意見を主張する裁判官は、上記の一九八二年の党中央からの通知を知らなかったのであろうか。そんなはずはない。ウルムチ市という大都市の法院にも上記通知が送達されていたはずである。一九八二年の「横領罪補充規定草案」を知ってのうえでの意見であったと考えざるを得ない。

そのように考えてくると、法院内部での意見の対立とは八二年「草案」のある箇所の理解をめぐっての対立であったと考えるほかない。それは上記通知中の傍線部の「現行法では犯罪と見なされていない」ものは「暫時執行すべきでない」との文言の理解をめぐっての対立であった。ここでの「現行法」とは、一九八二年草案に先んじて、すでに正式に制定されていた「重大経済事犯処罰決定」の中の公共財物横領罪・収賄罪のことである。

無罪論者は、この「決定」中の公共財物横領罪・収賄罪には「不法所得罪の規定はない」ので、どうしても不法所得罪を適用しようとすれば一九八八年の法律を遡及させるしかなく、しかし、それは禁じられているとの立場をとった。

これに対して、有罪論者は、そもそも補充規定草案作成の趣旨は、「重大経済事犯処罰決定」中の公共財物横領罪・収賄罪の取締りをよりいっそう確実・容易にすること、そのためには本来立証の困難な横領罪・収賄罪の中に所得の来源を説明できないケースを含めなければ実効性があげられないということにあり、不法所得罪は本来的にこの公共財物横領罪・収賄罪の中に含まれる新生の犯罪で、一九八二〜一九八五年の時点で成立している、不法所得を内容とする横領罪・賄賂罪の犯罪がそのまま八八年の不法所得罪に引き継がれたとの立場をとったのであろう。

（4）裏の法としての司法解釈

1　司法解釈とは

南剣鋒事件の問題は以上に尽きるが、裏の法は重層的に存在している。具体的な例で紹介してみよう。罪名は窃盗罪である。

窃盗罪については、まず一九七九年制定時の刑法典一五一条と一五二条に規定があり、後者は窃盗額が「巨額」にのぼる場合の規定で、最高刑は無期懲役となっていた。それが、前掲（3）の2で紹介した一九八二年三月八日の全人代常務委員会制定の「重大経済事犯処罰決定」一条の一によって修正され、「情状が特に重大な者」は最高刑死刑を科すことができるようになった。

そこで問題になるのは、一体どのような場合に「情状が特に重大な者」と判断できるのかということである。このように法律条文自体からは意味内容が明確になり得ないケースにおいて、その内容を具体化し明確化するためにしばしば用いられるのが、司法解釈と呼ばれるものである。

この司法解釈は、全人代常務委員会の授権のもと、最高法院と最高検察院が下級司法機関に対して出すもので、実務上、強い拘束力を有する。従来は、「規定」「意見」「解答」「通知」「弁法」「函」「批復」「答復」等、さまざまな形式と名称からなっていたが、一九九七年以後は「解釈」「規定」「批復」（高級法院からの問い合わせに対する回答）の三種類に整理統合され現在に至っている。

本件窃盗罪に関しては、一九八四年一一月二日に、最高法院・最高検察院は連名で「当面の窃盗案件処理中の具体的な法律適用の若干の問題に関する解答」を出し、その六で、「財物窃盗額が巨額で、情状が特に重大な者は、無期懲役または死刑に処すとは、関連規定により、『個人が公私の財物三万元以上を窃盗すれば法により死刑に処すべきである』……当面の審判工作において、以上の規定は内部での運用「掌握」に供し、試行する」との解釈を示した。

では、死刑を科すことのできる窃盗額「三万元以上」の基準を示した「関連規定」とは何を指すのか。それは一九八三年一二月二〇日付で出された党中央規律検査委員会・中央政法委員会の、各省・市・自治区党委員会、高級法院・検察院党組等宛ての「重大経済犯を厳しく処罰することに関する意見」（以下「重大経済事犯意見」と略）のことである。この「意見」の四に「三万元以上」という基準が示されている。もちろん、この「意見」も裏の法である。この「意見」の中で、判決文として引用するのはあくまでも全人代制定の刑法と、全人代常務委員会制定の「重大経済事犯処罰決定」という表の法だけで、「本『意見』を引用してはならない」と釘《くぎ》を刺している。

このように見てくると、同じ裏の法といっても、党中央→地方党委員会・国家機関各党組の系統と、最高法院→高級法院以下各級法院の系統の二つの系統が存在していることが分かる。このほか、党中央の明示的指示の形式をとることなく、全人代常務委員会法制（工作）委員会→各級法院の系統も存在する。浅井敦は、非公開の内部文書扱いになっていた一九八〇年代の、全人代常務委員会法制（工作）委員会の手になる民法草案が、裁判の場において法源として適用されていた事実を指摘している。[*7]

また、ごく最近の事例であるが、一国二制度の枠組みのもと、香港の自治を認めていた中国が、習近平政権のもと、その自治を否定し、一国一制度化を目的として「香港国家安全維持法」を全人代常務委員会で制定した。以下の新聞記事は、同法の法案審議段階のものである。[*8] それによれば、「香港安全法案　審議再開／中国全人代常務委　条文は非公表」との見出しのもと、

（全人代の）常務委員会の会議が二十八日に開かれ、香港の統制強化を目的とした「香港国家安全維持法案」の審議を再開した。……法案の条文すら公表せず、審議は

密室で進められている。……法案全文は未公表のままだ。……これまでに同法が対象とする犯罪の構成要件（犯罪行為を特徴づける定型、類型のこと）や量刑、裁判手続きなどは明らかにされていない。

と記されている。裏の法の支配する国、中国の面目躍如というほかない。

ところで、裏の法は永久に裏の法というわけではなく、ある時点で秘匿する必要がなくなる。前掲の南剡鋒事件でいえば、正規の法である全人代常務委員会の「補充規定」が制定された一九八八年以降の不法所得罪案件については、表の法を適用すればよいわけである。一九八八年以前の不法所得罪案件についてのみ、一九八八年の「補充規定」が遡及効を認めていなかったために、裏の法を適用せざるを得なかった。したがって、一九八八年以前の被疑者がいなくなれば、裏の法も自然消滅することになる。

2　裏の法から表の法へ

では、司法解釈のほうはどうであろうか。上記の窃盗罪最高刑死刑の件に即してみてみると、刑法典（一般法）では現在に至るまで最高刑は無期懲役のままである。これを修正して死刑を科すことができるようになったのは全人代常務委員会の「重大経済事犯処罰決定」（特別法）によってであるが（特別法は一般法に優位する）、そこでは、どのような場合に死刑を科すことができるのかについての明示的基準は示されていなかった。その基準を定めたのが、党中央より高級法院党組等へ出された一九八三年の「重大経済事犯意見」であり、三万元以上という基準が示された。そして、この裏の法は、一九八四年に司法解釈に移し替えられた。

この司法解釈も引き続き裏の法であった。そのことは、一九八六年一〇月二八日に最高法院が江蘇《こうそ》省高級法院宛てに出した回答［批復］の中での、「最高法院が出した各種法律を貫徹執行するうえでの意見や批復は貫徹執行しなければならないが、直接、判決の中で引用してはならない」との文言によって明らかである。司法解釈が裏の法から表の法に一応転換するのは、一九九七年のことである。同年六月二三日に出された「司法解釈工作に関する若干の規定」一四条において、「司法解釈が関係法律規定とともに人民法院の判決または裁定の根拠とされるときは、司法文書（判決）の中で引用されなければならない」

ことが宣告された。審判の場でのいわゆる情報公開宣言である。

ちなみに、窃盗罪の「特に情状が重大」に該当する窃盗額「巨額」の基準に関する一九八四年の司法解釈は、一九九二年の司法解釈によって代替され、それが、一九九八年の司法解釈によってさらに代替され、さらにそれが、二〇一三年の司法解釈によって代替されて、現状に至っている。何故このように頻繁に司法解釈が改廃を重ねたかというと、死刑の基準をなす金銭の価値は中国の経済発展に応じて当然変化するからである。一九八四年の、三万元↓一九九二年の、一般的基準としては二万～三万元、経済発展地域は四万元以上↓一九九八年の、三万～一〇万元以上↓二〇一三年の、三〇万～五〇万元以上と、経済のインフレ化に「巨額」の基準額を対応させ、この間、一九九二年の司法解釈までは、裏の法として、一九九八年の司法解釈になってはじめて表の法になったというわけである。

（5）最高法院がはじめて憲法適用を認めた斉玉苓事件の司法解釈［批復］の顚末

1　斉玉苓事件

司法解釈に関する限り、一九九七年以降はすべて表の法に転換したように見える。しかし、実際は、どうもそうでもなさそうである。例えば中国青年政治学院法律系教授の馬嶺の二〇〇九年の論文「斉玉苓事案の『批復』が『廃止』されたことの理由についての分析」（「斉玉苓案〝批復〟廃止〝理由〟析」）を読んでいたら、

すでに停止したというのは、廃止の理由とはなりえない。むしろ、すでに停止したこと自身につき理由を必要とする。あるいはこの理由は〝内部文件〟の中で説明されているのかもしれない。しかし、国家機関（とりわけ司法機関―原文）には非常に多くの〝内部文件〟があり、社会に公開されておらず、それは公開化、透明化という民主

的な法治国家の基本的要求に合致しない。[9]

という一文に出くわした。この指摘については、その背景を説明しなければ一般の読者には分からないであろう。この奇怪な事案は概略以下のようなものである。

斉玉苓という女性が商業学校の試験に合格したのに、合格通知が陳某という別の女性のところに意図的に届けられ、陳某が斉になりすまして当該学校に入学し、卒業後、地元の銀行に就職したところで、替え玉のことが露見したという事件で、怒った斉は陳親子を相手取って、姓名権侵害と教育を受ける権利侵害を理由とする不法行為訴訟を起こした。ところが、民事法では姓名権侵害の請求権は認めているが、教育を受ける権利は、民事法には規定がない。しかし、憲法には存する。そこで、山東省高級法院は、憲法上の規定を審判に直接適用してよいか思案し、いったん審理を中断して、最高法院に問い合わせた。これを承けて、当時最高法院の副院長であった黄松有が中心になって、「当事者の斉玉苓が主張する、教育を受ける権利は、わが国の憲法四六条一項の規定に由来する。本案の事実によれば、陳らは姓名権侵害の手段をもって斉の、憲法の規定によって享有するところの教育を受ける基本的権利を侵害し、あわせて具体的損害結果をもたらしたので、相応の民事責任を負担しなければならない」との回答［批復］を出した。

2　中国法学界で騒然となった法院によるはじめての憲法適用とその顚末

この司法解釈が出るや、法院が訴訟で憲法を適用することを最高法院が認めたということで、中国法学界全体で大騒ぎになった。何故なら、それまで中国では、法院が憲法を適用する、正確に言えば、判決理由中で直接憲法を適用することは認められてこなかったからである。一説によると、この批復作成を主導した黄松有は、公権力の関わらない、したがって党中央の関心をひかないであろう些細な私人間の民事事件で、こっそりと憲法適用の先例を作り、それを将来の法院による違憲立法審査権獲得の「トロイの木馬」にしようとしたと言われている。*10

中国では、何故、法院が最高法規である憲法を直接適用できないのか、日本の読者は怪訝《けげん》に思われるだろう。憲法を具体的事案に適用するとなると、当然、その前提として憲法条文の解釈という操作をせざるを得ない。しかし、この憲法解釈の権利は、中国では、全人代常務委員会が有し、〝法院如き〟が憲法解釈権を行使するなどもってのほかであるというのが党中央の指導部の考えであった。そうした中で、法院による憲法適用を認める司法解釈が出たものだから、法律専門家の耳目を集めたわけである。

ところが、この斉玉苓事件に関する批復というかたちでの司法解釈は、その後、二〇〇八年にほかのいくつかの司法解釈と一緒に廃止、否、斉案だけは「停止」されることになった。何故、一般に使用される「廃止」ではなく「停止」という語が使われたのか。そこから上記の馬嶺のような疑問が出てくるわけである。「停止」ということであれば、いつの日か復活する可能性もないわけではない。法院による憲法適用の可否をめぐる最高法院内部の対立の決着がついていないことの表れであるのだろうか。不明である。*11

以上、司法解釈と裏の法の関係をめぐって回りくどい議論を重ねてしまったが、ここでは、現在でも「司法機関には非常に多くの内部文件がある」との指摘を確認しておけば足りる。

（6）党が支配する限り裏の法は存在し続ける

1　党規国法の体系

裏の法のもう一つの系統をなす、党中央が省級党委員会や国家機関各部党組宛てに出す裏の法は現在では姿を消してしまったのであろうか。そんなはずはない。この章の冒頭の南刎鋒事件に類するような事例を筆者は目にしたことはないが、一般論としていえば、党が国家を指導する体制を前提とする限り、表の法としての「国法」に裏の法としての「党規」が常に優位する。したがって、多様な形式からなる裏の法が姿を消すはずがない。これが中国法の常態である。東京大学名誉教授の田中信行は「中国の法体系では、国家機関において制定された法律の上位に、党機関によって決定されたさまざまな決議、命令、通知、規則などが存在し、法律の執行に影響力を行使している。党による影響力の行使は、国の立法に対する指導という間接的な方法をとってもおこなわれているが、党自身の下すさまざまな決定が、法律の執行を拘束するものとして、直接的な影響力を行使している」[12]と述べている。正鵠《せいこく》を射た議論である。したがって、中国法の実像、実態を正確に把握しようとすれば、党の「内部文件」に手を出さなければならない。しかし、これは非常に危険な試みである。

2　裏の法も一枚岩ではない

裏の法として指摘しておくべき重要な問題がある。それは、法の支配の重要な一部をなす裁判の独立に関わる問題である。一九五四年、一九七五年、一九七八年、そして現行の一九八二年の各憲法での審判の独立に対するスタンスはまちまちである。図式化していえば、文面上、審判の独立を最も重視しているのが五四年憲法で、それを真っ向から否定したのが、七五年および七八年のいわゆる文革憲法で、この両者の中間に位置するのが、現行の八二年憲法である。

そのことは各憲法の文面によく表れている。五四年憲法は、「人民法院は独立して審判を行い、ただ法律にのみ服する」（七八条）と規定し、七五年、七八年憲法では、党の独裁が前面に出てくるのと引き換えに審判の独立規定が抹消された。そして、八二年憲法では「人民法院は法律規定に依り独立して審判権を行使し、行政機関、社会団体および個人の干渉を受けない」（一二六条）という回りくどい表現に変わった。この八二年憲法の眼目は、党は行政機関でも社会団体でもない、したがって党の審判過程への介入は認められるのだということを間接的に表明したことにある。

この一二六条をどう解釈すべきか、当然、問題となる。党の審判過程への介入が全面的に認められるというのでは、七五年、七八年の文革憲法とその実質は変わらないことになる。しかし、七五年、七八年憲法の否定を企図して制定された八二年憲法としては、そこに戻ることは許されない。ここでも、この問題についての判断基準を提示したのは表の法ではなく、党の内部文件、すなわち裏の法であった。

前述の一九七九年に党中央から各級党委員会に出された「刑法、刑事訴訟法の確実な実施を断固保障するための中共中央の指示」（いわゆる六四号文件）がそれである。この中で、中国では長年にわたって法律を否定し、法制を軽視する慣習が存在してきたが、今後は（ⅰ）「人民検察院は独立して検察権を行使し、人民法院は独立して審判権を行使し、ほかの行政機関、団体および個人の干渉を受けないようにすることを切実に保証する」こと、（ⅱ）「各党委員会と司法機関にはそれぞれ固有の専門的職責があり、お互いに代替、混淆《こんこう》してはならない」こと、（ⅲ）「このため各級党委員会による審査承認制度を取り消すことを党中央は決定した」こと、ただ（ⅳ）「ごく少数の特別に重大なケース［情況］については必ず上級の指示を仰がなければならないが、それ以外は、所在地の司法機関が独立して法により審理をする」ことが指示された。

八二年憲法に出てくる前掲の文言はこの指示の（ⅰ）に由来する。党の、審判過程への介入がどの程度許容されるのかの解釈は、（ⅰ）を（ⅱ）にひきつけて解釈するか、それとも（ⅳ）にひきつけて、かつ「重大なケース」の範囲を緩めに解釈するかによって異なってくる。現行憲法一二六条の解釈は、結局、この裏の法のどこに力点を置くかをめぐって、限定的解釈論と拡張的解釈論の間で、揺れ動いていくであろう。毛沢東主義者習近平のもとでは、この（ⅱ）に振れることは絶対にない。（ⅳ）の枠をガタガタに緩め、限りなく文革憲法に近づけるかもしれない。

(7) 一国二制から一国一制へ——香港国家安全維持法の制定

二〇二〇年六月三〇日、香港国家安全維持法が制定、即日施行された。中国法の現在を語ろうとするとき、当然、この法についても言及しないわけにはいかない。詳細な研究は後日を期さなければならないが、とりあえず、(6)で言及した党規国法の体系が、この法の制定、即日施行を契機に、直接、香港にもかぶさってくることになったということを指摘しておきたい。

1 本法の想定する犯罪類型

本法で想定する犯罪類型は、①国家分裂罪、②国家政権転覆罪、③テロ罪、④外国または境外勢力と結託して国家の安全に危害を与える罪であり、このうち③を除く各犯罪類型は国家安全危害罪の範疇に属する。国家安全危害罪は旧来の反革命罪の系譜をひくものである(③は公共安全危害罪の範疇に属する)。この反革命罪＝国家安全危害罪はほかの通常犯罪とは区別される特別の重大犯罪として刑法学上位置づけられてきた。反革命罪犯＝国家安全危害罪犯に対しては、重罰規定が多いが、仮に重罰でなくても、必ず政治的権利剝奪（第五章（3）の1参照）の付加刑が科されることになっている。香港国家安全維持法でも同様で、付加刑として、立法会等の被選挙権が剝奪され、香港における公共職務へ就くこと等が禁止されることになっている。

また、特異な規定が存する。それは本法の適用範囲に関する三八条のいわゆる保護管轄規定である。外国人（例えば日本人）が外国（日本）で、香港の自治を主張する香港市民を支援する言論活動を展開し、その行為が「扇動」にあたると判断されると、この条文が適用される可能性がある。こうした保護管轄のケースについては中華人民共和国刑法八条にも同様の規定があるが、そこでは（i）有期懲役三年未満の犯罪行為や、（ii）犯罪地（日本）の法律では処罰の対象とならない行為は除外される。ところが、香港国家安全維持法には（i）、（ii）のような適用除外の文言はない。ジャーナリストや研究者には特に要注意の規定である。

ところで、上記①、②の犯罪類型は、構成要件が抽象的で、かつ政治的色彩が濃厚であるため、catch-all statute（空白的処罰規定）の性質を有する。国家の統一を損なうとか、国家の基本的制度の打倒を目的とする［旨在］と見なされさえすれば、処罰される可能性が高い（日本の戦前、戦中の治安維持法を想起されたし）。この点は③〜④についても同様である。そして、①〜④はすべて中国憲法五一条の「国家・社会・集団の利益」、とりわけ国家の利益を保護法益とし、その実体は党の指導である。「党規国法」の体制、つまり国法に対する党規優位の体制が香港にもストレートに持ち込まれることになる。それを具現化した規定が本法にもそれとなく挿入されている。「国家安全維持公署の人員は国家監察機関の監督を受ける」（五〇条三項）という規定がそれである。そこで、この国家監察機関＝国家監察委員会についてその背景を説明しておかなければならない。

中国では、二〇一八年に監察法が制定された。この法の特質は、（i）国家安全危害罪等を対象とし、（ii）通常の公安機関でない監察委員会が捜査を担当し、（iii）この監察委員会は党主導の国家との合同機関であり、（iv）毛沢東思想が法律の中に書き込まれている（「中国共産党の国家監察工作に対する指導を堅持し……毛沢東思想……を指導とする」）という点にある。毛沢東主義者習近平を抜きにしては、この法の制定は考えられない。一九七九年以来、党政分離の流れに沿っていた中国刑事法史を暗転させる法である。その党による公安分野の直接指導の体制が香港にも直接及んでくることになった。

2 「一国一制」化のチャンネル

香港国家安全維持法を遂行する組織は国家安全維持委員会であるが、当委員会を実質的に差配するのは、中央政府の任命する国家安全事務顧問であるだろう。中央政府―国家安全事務顧問―香港行政長官のラインで国家安全維持委員会は運営される。

香港国家安全維持法の実行部隊は香港行政区警察処であるが、この部署を差配する機関は、国家安全保障公署で、この役所は、香港政府ではなく、中央政府の設置に係り、日常的に警察業務の監督、指導を行う。香港政府の手に負えない情況が現出したときは、この国家安全保障公署が監察委員会と国家安全部の指導のもと、直接警察業務を執行する。監察委員会―国家安全部―国家安全事務顧問―国家安全保障公署―香港行政区警察処のラインで捜査が執行されるわけであるから、大陸中国におけると同様、その取調べはきわめて過酷かつ周到なものとなることが予想される。

上記1で掲げた各種犯罪の裁判は、通常は香港行政長官の任命する——実際は国家安全事務顧問の意向を受ける——裁判官によって行われるが、万一、香港の気骨ある裁判官が党中央の意向に反する判断を示そうとするときは、全人代常務委員会が憲法七六条にもとづき法律解釈権を行使することになっている。また、香港政府の手に負えない事態が出現すると、大陸中国の法院が直接［審判］権を行使するが、それが裁判（adjudication）とは異質のものであることはすでに本書第七章で論じたとおりである。

新聞報道によれば「香港に三権分立ない」との見出しのもと「香港は行政権によって司法権と立法権を主導する政治システムだ」[*13]との林鄭月娥《りんていげつが》行政長官の言が紹介されている。本項の冒頭で述べたことのくり返しになるが、中国の「党規国法」の体系が香港の国家安全維持法の施行を契機に直接香港にもかぶさってくることになった。

おわりに

本書を終えるにあたって、予想される読者の以下の疑問に答えておきたい。

筆者は、第一章で「これまで約一七〇〇件の契約紛糾案件に目を通したが、その限りでは、一つの例外もなく、原告の主張と被告の答弁、裁判所の事実認定が正確、詳細に記され、それをふまえて法の解釈論が展開され……日本と同様、法は確実に機能している」と述べた。他方、第七章の冒頭で「（筆者は）原文の［法院］を「裁判所」、［法官］を「裁判官」と訳したが、［法院］は本当に裁判所なのだろうか。［法官］［審判員］は本当に裁判官なのだろうか。同様に、中国の［審判］は「裁判」（adjudication）と同じ概念でとらえてよいのだろうか」と述べ、「裁判の固有の属性をことごとく有しない中国の法院の審判」という見出しを掲げ、その論証をなした。

法は確実に機能している――ここでの法は当事者主義を原則とする私法を想定してのこ

とであるが――と言いながら、裁判は存在しないとは、一体どういうことだ。これは矛盾ではないか。読者は、そう思われたのではないだろうか。しかし、筆者はいずれも事実であると考える。この一見矛盾するように見える両事実をどのように整合的に説明するか、このことが問題となる。

この問題は、結局、裁判というものの定義の問題に行き着く。筆者にとって、第七章で論じたように、イギリスの行政法学者W・ロブソンの、裁判と行政の区別の議論が中国の［法院］の性格を考えるうえで最も参考になった。彼の区別の基準に従えば、［法院］はことごとく行政の属性を具えている。彼の定義でもって中国の［法院］像を整合的に説明でき、かつその特質を浮かびあがらせることができる以上、その定義に従って分析することは有意義であると、筆者は考える。

法・司法の類型の比較に多大の関心を示したM・ウェーバーは、「すべての裁判が行政の性質を帯びてくる」典型国として帝政中国を挙げているが、現代中国も、第七章で論じたように、決定形成の主体、形式、効力等どの点をとっても、司法というより行政の属性を具えている。

ところで、ウェーバーは、右のような帝政中国型の対極にある国としてイギリスを挙げ、「いっさいの『行政』は、その一歩一歩が、行政がその存在を確認しなければならないところの『特権』についての、交渉・駆け引き・協定になり、したがって、行政は、一種の裁判手続の形で進行し、裁判から形式的に分離されることがない」（世良晃志郎訳『法社会学』四四三頁）と述べている。近代市民社会における法の支配（rule of law）は、このイギリスに代表されるような身分制的構造（自律的権力諸団体が併存しあう中、契約を取り結ぶことによってのみ全体の政治秩序が保たれるような構造、マグナ・カルタを想起されたし）というきわめて特殊な構造を有する社会を前提として形成されてきたものである。日本でも、鎌倉幕府の執権北条泰時――法の支配を真剣に考えた日本でほとんど唯一の政治家――が貞《じょう》永《えい》式目を制定した当時は、確かに西欧の身分制的構造に類似する社会が存在した。しかし、近代の直前まで頑強に身分制的構造が存在し続けた西欧社会（モンテスキューの『法の精神』が説く権力分立論は身分制的構造の実在を抜きにしては語れない）と異なり、日本では、北条の執権政治も得宗専制へと傾斜し、それにともない「裁判制度上でも、当事者相互の対決・論争を通じて公正な判決を発見しようとする当事者主義にかわって、簡単迅速な、権力の立場からする終結のみを念とする職権主義への転換が顕著」(『石井進著作集［第二巻 鎌倉幕府論］』二三一頁)となり、以後、戦国大名権力—織豊政権—徳川幕府と、行政の一環としての司法という構造が連綿と続くことになる。立憲主義と密接不可分の法の支配が日本で出現するのは、一九四六年の日本国憲法の制定を契機としてである、と筆者は思っている。ただ、その法の支配も、立憲主義も、近年すっかりメッキが剝げ、危機的情況にある。

さて、話を中国に戻すと、秦帝国の成立以来、二〇〇〇年以上にわたる中央集権的官僚制行政のもと、「すべての裁判が行政の性質を帯びてくる」構造が持続し、かつ旧ソ連邦の、一党独裁制と、国家権力の分立ではなく集中制をモデルとして建国された中華人民共和国のもとでの［審判］が、法の支配の実現を目的とする裁判のタイプと類型を異にするとしても不思議ではない。

ただし、ここで断っておかなければならないのは、行政型そのものである現代中国の［法院］の決定形成が自動的に恣意的になるわけではないということである。行政が恣意的にならないように、法にもとづく行政が要求される。問題は、中国の民事および刑事事件の処理において、法にもとづいた［審判］が行われているかどうかということである。

このうち民事に関しては、日本と同様、法は着実に機能していると実感している。その実感の由来は、民事の中の契約紛争に関する約一七〇〇件の事例の分析にもとづく。煩を厭わず、目を通した契約法各項目を列挙すれば、①無権処分者の締結した契約の効力、②法律と行政法規に違反した契約の効力、③同時履行の抗弁権、④先履行の抗弁権、⑤不安抗弁権、⑥事情変更の原則、⑦危険負担、⑧債権者代位権、⑨債権者取消権、⑩債権譲渡、⑪契約解除、⑫違約責任、⑬履行期前の契約違反、⑭損失軽減規則である。中国契約法の全体を見通すにはあまりにも過少であり、残る人生でどこまでやれるか、日暮れて道遠しの感を禁じ得ない。そうはいっても、実感では論証にならないではないかとの叱責を受けそうである。そのような方に対しては、中国の民事審判案件は広く公開されているので、インターネットで、例えばWestlaw China等を検索して、検証してもらうしかない。

これに対して、刑事に関しては、様相がまったく異なってくる。第五章、第六章で紹介したように、ここで目にするのは、公安権力の、表現活動に対する容赦なき弾圧と、拷問による自白強要の普遍化である。市民の最も基本的な自由と権利は基本的人権と称され、それは古典的人権と社会権（生存権や労働基本権など）に区分され、古典的人権はさらに、経済的自由権（財産権の自由）、精神的自由権、人身の自由権に区分される。法の支配が何故重要かというと、これらの基本的人権の保護を目的とするからである。

中国も、従来〝ブルジョア的〟と批判してきた人権概念を、二〇〇四年についに憲法に書き込んだ。しかし、こと表現の自由のような精神的自由権と人身の自由権は、本書でも紹介したように、中国ではきわめて深刻な情況にある。自由と権利を制限・侵害する行政権や立法権の行使に対して切り込むどころでなく、それを根拠づけているのが中国憲法である。そのような憲法を立憲主義憲法と同一視することはできない。「依法治国」の公法としての中国憲法は立憲主義憲法とは全く類型を異にする。

そこで生ずる問題は、［法院］による［審判］という、行政的決定形成の形式をとりながら、「依法治国」の刑事法＝公法と民事法＝私法とでは、権利保障の点でどうしてこうも違いが存するのかということである。その答えは、訴訟当事者を構成する主体がどのような主体であるかということにある。民事事件の当事者はともに私人である。背後に国家が控えているような国の全額出資によるいわゆる国有企業といえども、法廷では私人の資格で、相手方当事者と同等の立場で立ち現れざるを得ない。ここで勝敗を決するのは、公安の権力でも党の権力でもない。約定、証拠、法解釈の妥当性がすべてである。時として、袖の下に弱い審判員——その中には最高法院の副院長クラス——もいないわけではないが、それが一般的であるわけではない。民法解釈論に素人の公安や党のメンバーが、粗雑な法解釈や証拠の捏造によって結論を歪《ゆが》めることは、民事では著しく困難である。

中国がここまで経済大国になり得たのは、計画経済から市場経済へと大胆に経済システムを切り替えたからである。この市場経済を円滑に遂行していくためには、経済取引の予見可能性が保障されていなければならない。その可能性を保障するのが契約法等の私法であり、この私法の領域では、法は着実に機能している。

以上のような中国法の構図を見ると、筆者は、鄧小平という政治指導者（paramount leader）のことに思い至る。天安門広場に集まった、民主と自由を求める民衆を武力で弾圧し、断固、一党独裁を死守し、他方で、陳雲らの経済官僚の「鳥籠経済」論（市場経済を計画経済という鳥籠の中に閉じ込める理論）を排除し、市場経済化の徹底をはかった鄧小平こそ、現在の中国法の総設計師にほかならない。

注

序章

＊1　小口彦太編著『中国契約法の研究―日中民事法学の対話』成文堂、二〇一七年、四八五頁。
＊2　豊下楢彦『「尖閣問題」とは何か』岩波現代文庫、二〇一二年、七〇頁。
＊3　『読売新聞』二〇一二年九月一一日、一三日。
＊4　四宮和夫・能見善久『民法総則』弘文堂、二〇一八年、一〇四頁。
＊5　宮本雄二「日中関係の現状と将来の課題」、江戸川大学国際交流センター編『江戸川大学・華中師範大学第1回国際学術セミナー　テーマ『日中の文化・法・経済』報告論文集』二〇二〇年、所収、八頁。
＊6　全人代常務委員会法制工作委員会編『中華人民共和国物権法釈義』法律出版社、二〇〇七年、一〇〇頁。
＊7　王利明『物権法論［修訂二版］』中国政法大学出版社、二〇〇八年、一三三頁。
＊8　中央日報、二〇一二年九月二八日　http://japanese.joins.com/article/445/160445.html
＊9　『読売新聞』二〇〇三年一月一日。豊下楢彦、前掲注2書、七四頁。
＊10　例えば、日本企業が中国で製品生産を目的とする工場を建設するため国有地を購入することは、主権の侵害にあたり、絶対に認められない。しかし、国有地の使用権を有償で取得することは問題とならない。主権の侵害にはあたらないからである。
＊11　梁慧星「売買合同特別効力解釈規則之創設―売買合同解釈（法釈［二〇一二］七号）第三条解読」

『民商法論叢』五二巻、法律出版社、二〇一三年、二〇四〜二〇五頁。

＊12 朱建栄「中国側から見た『尖閣問題』」『世界』二〇一二年一一月号、一〇五頁。

＊13 孫崎享『日本の国境問題―尖閣・竹島・北方領土』ちくま新書、二〇一一年、九〇頁。

＊14 羅援少将の発言。同書、九一頁。

＊15 共同通信社、二〇一九年一二月三〇日「中国、尖閣侵入を06年から計画」
https://this.kiji.is/584124149547254881

＊16 海上保安庁「尖閣諸島周辺海域における中国公船等の動向と我が国の対処」接続水域内・領海侵入確認隻数。https://www.kaiho.mlit.go.jp/mission/senkaku/senkaku.html

＊17 『朝日新聞』二〇一六年六月九日。

＊18 前掲注13書、九一頁。

【私法編】

第一章

＊1 田中信行「中国の最もデタラメな判決」『早稲田法学』九二巻三号。一〇〇〇万元余で譲渡された炭鉱会社の株式が石炭価格の高騰で五〇億元近い価格に跳ね上がったため、売主が譲渡契約の解除を求めた事案。一審は売主の訴えを認め、上訴審を担当した奚暁明最高法院副院長は一度の審理もせずに原審判決を維持した。その裏で巨額の賄賂の収受があり、奚は収賄罪で起訴され、失脚、無期懲役の判決が下された。

＊2　王利明『合同法研究〔第二巻修訂版〕』中国人民大学出版社、二〇一一年、八二頁。
＊3　清華大学法学院教授崔建遠は「そもそも先に履行すべき者の債務不履行が先行しているというのに、債務不履行でありながら同時履行の抗弁権を行使することができる、このような考え方は、私は納得できない」と言う。早稲田大学孔子学院編『日中民法論壇』早稲田大学出版部、二〇一〇年、一六四頁。
＊4　北京大学法学院教授王成の言。彼は長年、北京市海淀区基層法院の副院長を兼任し、実務経験も豊富な学者である。小口彦太編著『中国契約法の研究―日中民事法学の対話』成文堂、二〇一七年、一五七頁。
＊5　我妻栄『債権各論〔上巻〕』岩波書店、一九五四年、九一頁。
＊6　我妻栄『債権各論〔中巻二〕』岩波書店、一九五七年、四七〇頁。
＊7　『比較法学』四八巻一号、八一頁。
＊8　賃貸借契約で、約定不明なので同時履行すべきとの判断を示した裁判例として、例えば広東省佛山市中級法院（二〇〇三）佛終法民一終字第一二二八号判決、請負契約で、約定不明なので同時履行すべきとの判断を示した裁判例として、例えば河南省焦作市中級法院（二〇一二）焦民三終字第二七〇号判決を参照。

第二章
＊1　陳梅金・林徳鑫訴日本三菱汽車工業株式会社損害賠償糾紛案。
＊2　白迎春『中国民事訴訟における「挙証責任」』〔早稲田大学モノグラフ55〕早稲田大学出版部、二〇

一二年、七七頁。

＊3　平井宜雄『債権各論Ⅱ不法行為』弘文堂、一九九二年、三五～三六頁。田山輝明『不法行為法』青林書院、一九九六年、二一四～二一五頁。

＊4　甘粛省公路局訴日本横浜橡膠《ゴム》株式会社産品質量責任侵権案（二〇〇五）陝民三終字第一九号。

＊5　村上幸隆「中国の製造物責任訴訟における証明責任」『中国法令』二〇〇七年一一月、四頁。この文献は前掲注2書によって知った。

＊6　金子宏ほか編『法律学小辞典〔新版〕』有斐閣、一九九四年、五七八頁。

第三章

＊1　中華人民共和国上海海事法院民事判決書（一九八九）滬海法商初字第二五号。

＊2　法律出版社、一九九八年。

＊3　田中英夫編、東京大学出版会、一九九一年、八五一頁。

＊4　フジサンケイグループ扶桑社のニュースサイト「ハーバー・ビジネス・オンライン」
https://hbol.jp/800

＊5　X_1については、BからX_1への継承関係の証明がないとして、請求権を否定。そのうえで、X_2X_3はBのAに対する請求権を相続するとして、上記本文1の「X_1、X_2、X_3の請求内容」中、BのAに対する（ⅰ）の船舶賃料未払分、（ⅱ）の（ⅰ）遅延利息、（ⅲ）の営業損失、（ⅳ）の両船滅失損失の請求を二九億円余に減額のうえ認める。（ⅰ）の占有使用費の賠償は認めず、また（ⅴ）の弁護士費用も認めな

かった。中国法では、通常、債権実現のための弁護士費用を被告に負担させるが、本件ではそれを認めておらず、興味深い。

＊6　『日本経済新聞』二〇一四年四月二四日。

＊7　「駐日中国大使館報道官、中国法院の商船三井に対する訴訟での強制執行措置について記者の質問に答える」二〇一四年四月二一日。

http://www.china-embassy.or.jp/jpn/mtfw/sgfyr/t1148773.htm

＊8　神田元経営法律事務所［商船三井貨物差押事件］二〇一四年七月一日。

www.kanda-law.jp/column31.html

＊9　商船三井プレスリリース、二〇一四年四月二一日。

＊10　BSフジプライムニュース、二〇一四年五月三〇日「中国の司法リスクを検証　日本企業の取るべき対策とは」。

＊11　毛里和子『日中関係―戦後から新時代へ』岩波新書、二〇〇六年、iv頁。

＊12　「戦争賠償：七位著名法学家的観点」『中国律師』二〇〇一年二期。

＊13　同、七七頁。

＊14　同、七八〜七九頁。

＊15　『謝懐栻先生紀念文集』中国法制出版社、二〇〇五年。

＊16　前掲注12論文、七九頁。

＊17　『日本経済新聞』二〇一四年四月二日。

＊18　『毎日新聞』二〇一六年六月三日。

第四章

＊1　李萍・龔念訴五月花公司人身傷害賠償糾紛案『最高人民法院公報』二〇〇二年二期による。
＊2　中野好夫訳、岩波文庫、一九七三年、一三六～一三七頁。
＊3　この事例が最高人民法院公報に掲載されたのは、二審法院が利益衡量を用いて難解な問題を解決しようとしたことが重要な要因をなしたに違いないと、清華大学法学院教授韓世遠は指摘している。韓は「加藤一郎が『法学教室』（一九八二年一〇月）に発表した論文『民法の解釈と利益衡量』を梁慧星が中国で翻訳紹介し、中国の学術界と実務界に少なからざる影響を与えた」（小口彦太編著『中国契約法の研究―日中民事法学の対話』成文堂、二〇一七年、四八頁）と述べている。
＊4　同書、四九頁。
＊5　中国不法行為法研究会（代表文元春）「中国不法行為法における公平責任研究」『早稲田法学』九二巻三号、四三五頁。
＊6　滋賀秀三『清代中国の法と裁判』創文社、一九八四年、一四五頁。
＊7　同書、二八四頁。
＊8　同書、二八七頁。
＊9　同書、二八五頁。
＊10　同書、二八七頁。

＊11　同書、二七二頁。
＊12　同書、二九五頁。
＊13　滋賀秀三『中国法制史論集』創文社、二〇〇三年、一二四頁。
＊14　梅原郁編『中国近世の法制と社会』京都大学人文科学研究所、一九九三年、所収。
＊15　同書、二九八頁。
＊16　同書、三〇二～三〇三頁。
＊17　同書、三〇〇頁。
＊18　同書、三〇二頁。
＊19　同書、三一三頁。
＊20　渡辺浩『東アジアの王権と思想』東京大学出版会、一九九七年、所収。
＊21　同書、九一頁。
＊22　同書、九一頁。
＊23　同書、九二頁。文中括弧内の口語訳は安田二郎・近藤光男『戴震集』朝日新聞社、一九七一年、四七、六三頁による。
＊24　同書、九二頁。

【公法編】
第五章

＊1　O. Fiss, *Two Constitutions*, 11 Yale Journal of International Law, 493-503(1986).
＊2　Brandenburg, v.Ohio, 395 U.S. at 444.
＊3　芦部信喜『憲法〔第七版〕』岩波書店、二〇一九年、二一八頁。
＊4　Fiss, *supra* note 1, at 497.
＊5　*Id.*
＊6　『最高人民法院公報』一九八八年二期による。
＊7　上官丕亮「当下中国憲法司法化的路径与方法」『現代法学』二〇〇八年二期、六頁、一五頁。
＊8　張友漁「四項基本原則是新憲法総的指導思想」（『憲政論叢〔下冊〕』群衆出版社、一九八六年、所収）二五八頁。原載『法学』一九八二年一二期。
＊9　『岩波現代中国事典』一九九九年、一二四七頁、執筆者は唐亮。

第六章

＊1　芦部信喜『憲法〔第七版〕』岩波書店、二〇一九年、二六五頁。
＊2　『法制日報』二〇〇五年四月一四日の記事による。
＊3　法律出版社、二〇一〇年、三六一頁。
＊4　本件の一、二審判決は公開されていないので、本書では、陳興良主編『法治的言説』法律出版社、二〇〇四年、および陳瑞華「審判之中的審判」『中外法学』二〇〇四年三期の記載によっている。最高法院の再審判決については最高法院再審劉涌案刑事判決書（（二〇〇三）刑提字第五号）による。

＊5　陳興良主編前掲注4書、二八九〜二九〇頁。
＊6　陳瑞華前掲注4論文、三三五頁。
＊7　陳興良主編前掲注4書、二九〇頁。
＊8　陳瑞華前掲注4論文、三三七頁。
＊9　同、三三八頁。
＊10　以下の記述は田中信行「劉涌の裁判と薄熙来」『中国研究月報』六六巻一二号、二〇一二年に負っている。
＊11　同、一三頁。
＊12　童之偉「従若干起冤案看人身自由的憲法保護」『現代法学』二〇〇四年五期、一六五〜一六六頁。
＊13　同、一六六頁。
＊14　呉宏耀「非法証拠排除的規則与実効」『現代法学』二〇一四年四期、一二二頁。
＊15　『鄧小平文選』第二巻、人民出版社、一九九四年、三三二頁。
＊16　前掲注12論文、一六九頁。
＊17　石井進「幕府指導者である執権の複数化……や、御家人層の代表者を網羅した最高会議体としての評定衆制度の設置に明らかな合議制の発達、幕府最初の法典たる『式目（御成敗式目＝貞永式目―原文）』五一カ条の完成など、泰時の事業は」「御家人層の権益と立場の擁護を、武士層の生活・慣習のなかから定立された『道理』にもとづく『法』の支配によって現実化しようとする意志の表明であった」『石井進著作集［第二巻　鎌倉幕府論］』岩波書店、二〇〇四年、二一八頁。

＊18　石井良助『日本法制史概要』創文社、一九五二年、九七頁。
＊19　以上の清代中国の刑事手続については、滋賀秀三『清代中国の法と裁判』「第一　清朝時代の刑事裁判―その行政的性格。若干の沿革的考察を含めて」創文社、一九八四年を参照。
＊20　前掲注12論文、一七一〜一七二頁。
＊21　戴炎輝『唐律各論』三民書店、一九六五年、三二三〜三二四頁。

第七章

＊1　広東省高級法院刑事裁定書（二〇〇四）粤高法刑二終字第二四号。
＊2　中国の都市部の土地は、序章で説明したように国有で、売買の対象とはなり得ず、企業や個人はその使用権を有償で国から買い取り、土地使用権証書を取得する。中国では土地と家屋は一体なので、家屋所有権取得の前提条件をなす。
＊3　厳紅兵・周天勤「論審判委員会制度的改革与完善」『律師世界』一九九九年一〇期、四三頁。小口彦太『現代中国の裁判と法』成文堂、二〇〇三年、二四一頁。
＊4　陳栄「重大疑難民事案件是否仍応由審判委員会討論決定之我見」『法学与実践』一九九二年一期、二六〜二七頁。
＊5　王利明『司法改革研究』法律出版社、二〇〇〇年、一九一頁。
＊6　前掲注3論文、四四頁。小口前掲注3書、二四二頁。
＊7　『法学研究』二〇一一年四期。

＊8 同、五頁。
＊9 同、八頁。
＊10 同、九頁。
＊11 劉春茂「対法院院長、廷長審批判案件制度的探討」『法学雑誌』一九八〇年二期、三四頁。
＊12 W. Robson, Justice and Administrative Law, 3rd ed, 42-87 (Greenwood Press 1970).
＊13 *Id.* at 43-44.
＊14 *Id.* at 67-68.
＊15 *Id.* at 49.
＊16 *Id.* at 69, 73.
＊17 *Id.* at 74.
＊18 *Id.* at 82.
＊19 滋賀秀三がすでに帝政中国の「裁判」の「判決」には確定力がないと指摘している。「法制史の立場から見た現代中国の刑事立法」『中国法制史論集』創文社、二〇〇三年、所収、三七七〜三八一頁。
＊20 世良晃志郎訳『法社会学』創文社、一九七四年、四四五頁、四四四頁。
＊21 滋賀秀三『清代中国の法と裁判』創文社、一九八四年、所収。
＊22 同書、一七頁。
＊23 同書、三八〜三九頁。
＊24 同書、五七、五九頁。

＊25　同書、一〇三頁。
＊26　前掲注19書、三七〇頁、原載での執筆時期は一九八三年。
＊27　同書、三八六頁。
＊28　前掲注11論文、三五頁。

第八章

＊1　L. Fuller, The Morality of Law (Yale University Press 1964). 邦訳は稲垣良典『法と道徳』有斐閣、一九六八年。以下の引用は邦訳書による。
＊2　同書、四三～四四頁。
＊3　ハリソン・E・ソールズベリー『天安門に立つ―新中国40年の軌跡』三宅真理・NHK取材班訳、日本放送出版協会、一九八九年、三〇〇頁。
＊4　莫黎明「南剡鋒非法所得罪案浅析」『法学』一九八八年第一二期、三七頁。
＊5　人民法院出版社、一九九〇年。
＊6　前掲注4論文、三七頁。
＊7　浅井敦『中国憲法の論点』法律文化社、一九八五年、一〇六～一〇七頁。
＊8　『東京新聞』二〇二〇年六月二九日朝刊。
＊9　『法学』二〇〇九年四期、一八頁。
＊10　強世功「憲法司法化的悖論―兼論法学家在推動憲政中的困境」『中国社会科学』二〇〇三年二期、

二一頁。

＊11　本稿を脱稿する直前、知人の中国人弁護士から、事件の当事者＝原告であった斉玉苓のその後に関するメールを受け取った。そこには「一六年後の今年やっと（斉玉苓は）入学することができるそうです。彼女は、当時被害事実が認定されても入学できず、アルバイト等をして生計を立ててきたそうです。輿論の圧力で、大学（済寧商業学校という公立の専門学校のことか）のほうでやっと入学を認めましたが、彼女には頑張ってほしいものです」と書かれていた。不法行為を理由とする、教育を受ける権利侵害を含む侵害の停止と損害賠償請求訴訟に勝訴したにもかかわらず、合格した学校への入学がなかなか叶《かな》わなかったということと、当時の最高法院の当該批復が廃止ではなく停止という異例の措置となったこととの間に何らかの関係があるのか、いまのところ分からない。それにしても、一六年もかけて自己の権利を主張・実現する彼女の意思力には敬服する。

＊12　小口彦太・田中信行共著『現代中国法［第二版］』成文堂、二〇一二年、二一七頁。

＊13　『東京新聞』二〇二〇年九月二一日朝刊。

小口彦太（こぐち　ひこた）

一九四七年生まれ。法学博士。一九六九年早稲田大学第一法学部卒業、一九七四年早稲田大学大学院法学研究科博士課程満期退学。早稲田大学法学部教授を経て、早稲田大学名誉教授、中国人民大学法学院名誉客座教授、ハーバードロースクール東アジア法研究プログラム訪問学者、江戸川大学学長。『中国法入門』『唐令拾遺補』『現代中国の裁判と法』『現代中国法』『中国契約法の研究』『中国合同法研究　中日民事法学之対話』など著書多数。

中国法《ちゅうごくほう》「依法治国《いほうちこく》」の公法《こうほう》と私法《しほう》

集英社新書一〇四三B

二〇二〇年一一月二二日　第一刷発行

著者……小口彦太《こぐちひこた》

発行者……樋口尚也

発行所……株式会社集英社

東京都千代田区一ツ橋二-五-一〇　郵便番号一〇一-八〇五〇

電話　〇三-三二三〇-六三九一（編集部）
〇三-三二三〇-六〇八〇（読者係）
〇三-三二三〇-六三九三（販売部）書店専用

装幀……原　研哉

印刷所……凸版印刷株式会社

製本所……加藤製本株式会社

定価はカバーに表示してあります。

ISBN 978-4-08-721143-6 C0232

Printed in Japan